JN411471

돌아본 세월
동행의 사랑

박 선 자 수필집

세종출판사

책머리에

싱그러운 아침이다. 베란다에서 꽃들이 방글방글 거리며 눈을 맞춘다. 비좁은 공간에 너희를 두고 아름답다 여김이 미안하지만 나에게 생기를 주니 예쁘고 고맙다.

미 서부 여행을 다녀왔다. 며칠 동안의 여정에서 광활한 모하비 사막을 한없이 달렸다. 그 척박한 사막에서 나무가 자라고 꽃이 피는 생명력을 보았다. 보이지 않는 물줄기를 잡고 살아남으려고 몸부림치는 끈질긴 노력에 감탄하며 나의 생활을 되돌아보았다.

강원도로 2박3일 여행을 떠나 있을 때 황혼의 들녘을 장식하라는 문학도시 수필 등단소식에 가슴이 콩닥콩닥 뛰었던 기억이 새롭다.

단풍으로 채색된 산야가 그림처럼 아름답다. 나무들이 겨우살이를 위해 잎을 벗어내는 짙은 아픔의 몸부림이 오색빛깔의 단풍이 된단다. 삶을 위해 제살을 깎아내는 핏빛 통증을 보면서 아름답다 모두들 탄성하고 환호한다. 토해내는 진한 아픔의 괴로움이 얼마인지 가늠하지 못하고 겉으로 드러내는 좋은 것만 바라본다. 붉은 통증의 빛깔까지 읽을 수 있을 때 비로소 진정한 어른이 된다는 것을 모른 체.

애인은 폰으로 부르면 언제나 만날 수 있는 사람이고 연인은 마음에 꼭꼭 숨겨두고 늘 그리워하는 사람이라 했다.

나에게 문학 창작은 항상 숨겨둔 연인이다.

늘 그리워하면서 쉽게 다가설 수 없는 사람, 가슴 깊숙한 곳에 숨겨둔 아픔이면서 떠올리면 행복한 사람이다. 그래서 만날 때마다 부끄럽고 작아지지만 헤어지면 다시 보고 싶어졌다. 남몰래 숨겨둔 연인을 만날 길잡이가 되어준 고마운 선생님이 계셔서 시를 만날 수 있었고, 수필의 길잡이에서부터 격려의 글을 흔쾌히 써주신다 허락하신 정 영자 교수님이 계셔서 고마울 뿐이다.

녹음기 스위치를 눌린다.

집안을 가득 채우는 독경소리에 맑아지는 마음으로 먼 길 달려온 날들을, 참 긴 날들이 바람처럼 맴돌다 돌아가곤 한다. 첫 번째 책은 기행문이어서 나를 들어냄이 덜하니 조금 쑥스러웠다. 이제 나를 몽땅 들어냄에 망설임과 설렘으로 범벅이 되어 자꾸 부끄러워진다. 그래도 스쳐간 많은 인연들에게 감사하며 엮어낸 꽃들이다. 온실에서 피운 꽃들이라 왠지 자꾸 모자람에 얼굴이 화끈거린다. 차를 한 모금 마신다. 부드러움이 온몸을 타고 흐른다. 유월의 푸른 바람이 파도를 타고 살랑살랑 퍼져간다.

쓴 글은 엮어 놓는다는 취지에 대학생시절에 쓴 글과 오래전에 쓴 글 모두를 실었다. 외손자 도현이의 그림으로 겉표지를 삼았다. 어설프지만 꿈이 있어 좋다.

2014년 6월

박선자수필집 『돌아 본 세월, 동행의 사랑』를 읽으며

정 영 자
문학평론가, 부산여성문학인협회 이사장

가족을 아끼고 자매애의 모범적인 울타리를 엮으며 서로가 서로를 격려하며 챙기는 알뜰하고도 다정한 모습에서 박선자 수필가를 읽는다.

아드님과 유럽여행을 다니며 보고 느끼며 대화한 내용들을 여행수필집으로 발간하더니 『돌아 본 세월, 동행의 사랑』에서는 지난 시간의 소중함과 지금 이 곳에 함께 하는 가족과 친구들의 사랑하는 모습과 삶의 탱글거리는 이야기를 구성지게 표현하고 있다.

박선자 수필가는 2006년 『새시대문학』으로 시인으로 등단하고 2011년 『문학도시』에서 수필가로 등단하였다.

최근의 문단 풍조는 시인은 산문을, 수필가도 시를 표현하는 경계를 넘나드는 장르의 통합이 유행처럼 이루어지고 있다. 자기 전공분야에 집착하여 다른 사람들의 타장르의 진입을 인정하지 않으려는 갇힌 장르의 시대는 이미 지나갔다.

『토지』를 발표하며 한국최고의 소설이라는 찬사를 받던 박경리

선생님의 시 한 수는 우리를 전율하게 하였다.

박선자수필가는 이미 2010년에 여행수필집『예순여섯살 엄마와 아들이 함께한 유럽 자동차 여행』으로 부산문협이 주는 제2회 문화탐방문학상을 2011년에 받아 조심스럽고 단아한 삶을 여행 속에서 발효시킨 점을 평가 받은 바 있었다.

이 번 수필집에도 이집트와 그리스, 대만, 영국여행에서 보고 느낀 여행수필이 포함되고 있다. 그러나 대부분이 생활수필을 통한 가족의 의미와 함께 하는 행복을 절절하게 표현하였다. 특히 동생, 자녀, 동서들과의 특별한 사랑과 관계를 세밀하게 묘사하였다.

나이와 연륜으로 돌아 본 회향의 의미를 점검하며 먼저 간 남편에게 보내는 아내의 사랑과 회한, 어려웠던 지난 날 새 수저를 사 온 날에 맛있는 반찬 한 접시를 차린듯 저녁 식탁에서 느낀 가득하고 흐뭇하였던 행복감, 요즈음 젊은이들의 신접살림에 대한 비판과 함께 잔잔한 감사와 만족, 어린 딸이 화장대 위에서 깨트린 로션 한 병이 아까웠던 시절의 회상과 이미 그 딸이 그 때의 자신보다 훨씬 더 한 나이에 이르러 그리움 가득차서 전화로 불러 놓고는 싱겁게 "그냥 전화해 봤다"는 말로 얼버무리는 현재를 투사하고 있다.

> 법당에서 오천 원에 팔고 있는 공양미 한 봉지를 부처님 전에 올리려고 지갑을 열어보니 일만 원 권 뿐이다. 본래 판매원이 없다. 함께 간 도반에게 오천 원 있느냐 물으니 없단다. 종무소에도 오후 늦은 시간이라 문이 닫혀 있다. 다시 법당으로 와서 법당보살에게 물으니 없다한다. 부처님 전에 절할 생각은 잊어버리고

온통 오천 원으로 가득하다. 오늘 꼭 공양미를 올리고 가려고 했는데 그냥 가야하나. 어디에서 오천 원을 구하나 머리가 복잡해졌다.

마음을 가다듬고 부처님 전으로 눈길을 돌렸다. 인자한 미소를 머금고 지긋이 바라보고 계시는 눈빛이 "무엇을 그리 복잡하게 생각하느냐, 쉽게 풀어보아라." 일러 주신다. 순간 정신이 번쩍 들었다. 일만 원을 넣고 공양미 두 봉지를 사서 올리면 되지. 무엇이 그리 아깝고 어려운가. 오늘은 두 봉지를 올려야 하는 날인데 한 봉지에 집착했으니 시간만 축내었구나.

일만 원을 대금 상자에 넣고 공양미 두 봉지를 부처님 전에 올리니 마음이 편안하였다.

"야, 이 바보야. 왜 진작 그 생각은 못했냐. 니는 한 봉지라 생각했지만 부처님 마음은 이미 두 봉지였다." 일러 주신다.

매사를 일관성을 있게 하는 것도 좋지만 때로는 여유롭고 융통성 있는 생각이 필요하다. 마음을 지혜롭게 쓰면 잘 풀려 나갈 일을 욕심과 집착에 매달리면 마음이 상하고 시간을 낭비하며 고생을 한다. 일상생활에서 어떤 일을 하려면 한 생각에 억매이지지 말고 여러 가지 상황을 설정하여 멀리 크게 바라보는 눈이 필요하다는 생각을 해본다.

-「공양미 두 봉지」에서

핵가족 시대라 손자와 많은 날을 보내기도 쉽지 않다. 외국에 살아 여러 날 지내다보니 손자와 게임하는 영광도 누리게 되었다.

어느 날 내가 4대 1로 이기고 그만 하자 하였더니 갑자기

"으~아 앙," 하고 울음을 터뜨렸다. 순간 당황하여

"너 왜 우니?" 하고 물었다.

"할머니, 내가 졋잖아." 하며 더 큰 소리로 울어댄다.

"그렇다고 니가 왜 울어."

"내가 지니, 울지, 내가 이길 때까지 해야지." 하여 정말 당황스럽고 민망하였다. 내가 특별한 기술이나 소질이 있는 것도 아닌데 그저 주사위를 던지다 보니 이겼을 뿐인데…

손자는 6대 7, 또는 8대 9 … 등 한 두 점 이기기 전에는 그만둘 생각이 없다. 그렇다고 일부러 져 주며 승부조작을 할 수도 없고, 오래 하자니 지루하고 지쳐 옥신각신 다투기까지 한다. 듣고 있던 딸과 사위가

"아니~ 게임 졌다고 우는 녀석이 어디 있어. 그리 억지 부리는 게임이 어디 있냐, 즐기면서 하는 게 게임이지" 하며 야단을 친다. 그러면 더 큰 소리로 울어댄다. 정말 황당하고 민망스럽다.

그래서 게임 시작하기 전에 반드시

"할머니가 이겼다고 울면 안한다. 니가 져도 꼭 다섯 번이다."를 다짐한다.

무엇이든 이기고 최고라야 하는 손자에게 학교에서 일등을 할 수도 있고 못할 경우도 있다. 시험을 봐서 100점을 받을 수도 있고 못 받아도 다음에 열심히 하면 받을 수 있다. 지는 것이 결코 나쁜 것이 아니라고 반복해서 설명하지만 일곱 살짜리 손자가 제대로 알아듣기나 하는지…

게임을 하다보면 게임이 우리 삶의 이정표와 닮은꼴이라는 생각이 든다. 순조롭게 가다가 어느 지점에 이르면 물러서야 하고 또 어느 지점에서는 빠르게 몇 칸을 뛰어 넘어 갈 수도 있다. 최종점이 가까워 완전히 이겼다 생각 되어도 시작점에서 다시 해야 하고, 완전하게 지고 끝이라 생각되어도 승리하기도 한다.

몇 년을 지나면 나아지겠지 하고 열심히 살아 어느 지점에 닿

아 보면 높은 산이 가로 막혀 있고, 더 힘겹게 올라가도 여전히 첩첩 산중, 아니면 처음부터 되돌아가는 아픔이 기다릴 때도 있다. 그래도 돌아가면 새로운 길이 또 열리고… .

이 세상 수많은 사람들이 태어나서 생을 마감할 때까지 순조롭고 편안한 인생을 보내다 가는 이가 몇이나 있겠는가? 건강으로, 경제적으로, 또는 가족을 잃는 아픔을 겪으면서 인내하며 열심히 밝은 미래를 기약하며 사는 모습이 게임 판의 가르침이라 여겨진다.

승부욕이 강한 손자, 집안에 한명 뿐이라 경쟁자도 없다. 어리고 귀엽고 귀하다는 이유로 요구하는 것이면 무엇이든 다 들어주다보니 지가 원하면 떼만 쓰면 된다는 생각이 마음 가득하다

이제부터 절제하는 방법, 상대편에게 배려하는 마음 등을 가르치려니 힘이 든다. 여러 형제들이 있어 서로 부딪히며 자라나 스스로 깨닫고 배우면 좋으련만, 배우며 자라야 하는 손자도 가르쳐야 하는 어른들도 모두 힘들어 부담이 되며 어려운 것 같다.

사람은 이길 때도 있고 질 때도 있는 거야. 니가 이겼다 생각되어도 질 수도 있단다. 알아듣거나 말거나 게임하자면 몇 번을 묻고, 다섯 번, 열 번으로 끝내자 약속하지만 손자 앞에서 마음 약해지는 할머니는 손자가 이길 때까지 다섯 번을 넘어 열 번 스무 번도 한다.

-「할머니 노릇」에서

공양미 두 봉지에 담긴 융통성 없는 자신을 직시하고 한 생각에 억매이지 말고 여러 가지 상황을 설정하여 멀리 크게 바라보는 눈이 필요하다는 공양미에 관한 이야기, 손자와 게임을 하면서 곡 이

겨야 하는 일등주의자 손자를 통한 가정교육의 병폐와 귀엽고 사랑스럽다고 응석을 받아주며 세상살이의 독불장군을 염려하는 지혜를 고스란히 담고 있다. 적나라한 체험의 성찰이 없으면 설파할 수 없는 일들이 조용히 그러나 따뜻하게 오늘의 가정들을 조명하고 잠옷을 입다가 떨어져 나간 단추를 발견하고 무심히 지난 시간들과 방청소 때에 나타난 떨어져 있던 잠옷의 단추를 생각하는 철학을 건져 올리고 있었다.

박선자 수필가는 다정하면서도 상대방을 먼저 배려하고 생각하는 곰삭은 인생을 살아온 성공한 어머니요 아내 그리고 할머니며 문단에서는 후배들의 존경을 받으며 설날 인사회에서는 그를 기다리는 사람들이 많다. 그는 후배들의 행사에 늘 봉사하는 마음으로 설날 떡국가리를 가지고 와서 전 회원이 신년 하례를 할 때 부산 천지에서 가장 맛있는 떡국을 먹게 하는 사람이다. 가장 좋은 살로 빚은 떡국을 통하여 사랑과 화합, 재미로써 선후배 사랑을 확실하게 실천하는 모범적인 문인이다.

말로만 "사랑한다. 든든하다. 수고한다"를 겉치레 인사로 식상해 하는 문단에 그의 행동은 신선한 충격을 주고 있다. 삶의 길이나 문학의 길에 그와 동행함이 행복하다. 문운을 빈다.

| 차례 |

추억안의 종가

답장 없는 편지

내 삶의 버팀목은

영국기행문

별을 만난 이집트 사막

봉정암의 성불

꽁트

추억안의 종가

아름다운 만남 동서들

오늘은 우리 집에서 동서계하는 날이다. 부엌에서 맛있는 냄새가 폴폴 난다. 그 비싼 전복을 최상품으로 원 없이 사왔다. 죽도 끓이고 회도 뜨고 찌기도 하니 온 집안이 맛난 향으로 가득하다.

"우리 동서들의 간이 배 밖에 나온 거다." 한 동서가 말한다.

"우리 정말 경주김씨 명문가로 시집 잘 온게 맞지요." 하는 너스레에 "그래, 맞지" 하며 한바탕 크게 웃는다.

14명의 집안 동서들이 모임을 시작한 지 근 20여 년이 지났다. 한 달에 한번 모여 맛있는 점심을 먹고 수다를 떨다 정이 들었다. 동서계하기전에는 어쩌다 집안 행사에서 만나면 서로 어색하여 말 붙이기도 힘들었다. 동서계를 하고 우리는 집안대소사에 서로 협력하며 저절로 친숙한 동기간이 되었다. 강산이 두 바퀴를 돌고 돌다보니 먼저 세상을 떠나신 형님들도 계시고 몸이 편찮아서 가끔 참석 못하는 동서도 생겼다. 태국 일본 캄보디아 등 해외여행을 형편에 맞추어 가족도 동반하여 다녔다. 시누이들과 고모님들의 모임인 딸들계도 있다. 자연히 해외여행에는 며느리 계와 딸 계가 합치고 거기다 남편들까지 함께하는 대가족의 나들이라 다른 집안의 부러움을 사기도 했었다. 그러니 서로 아끼고 사랑함이 어찌 다른 집안의 동서들 보다 배로 정답지 않겠는가.

세월이 흘러 번성했던 집안사람들 많이 떠나시고 인심도 달라졌다. 어쩌면 동서계란 자체가 우리세대를 벗어나면 사라질 것 같다. 결혼 적령기가 늦어지고 결혼하여도 한집에 아들 딸 둘 아니면 한 명씩 낳고 자녀를 두려하지 않는 젊은이들도 많다 들었다. 자연히 동서란 낱말은 사라질 것이다. 고모 이모 삼촌 사촌 같은 촌수가 역사책에 실릴 이름 될까 두렵다. 사회와 경제가 성장할수록 이해타산을 지나치게 하고 생명의 존엄함마저 이기적인 계산을 하기 때문에 혈연을 우선시하는 우리나라에도 저 출산이란 문제가 생기는 것 같다. 그래도 우리 동서계는 여전히 남은 9명으로 계속되고 있다.

경주김씨 서동파 가문이며 안락서원 원장과 동래향교의 전교를 대를 이어하신 유교집안이라 예의범절과 가풍이 아주 엄하였다. 자연히 남녀차별이 있었으니 며느리의 인격은 남자에 비하면 당연히 아래였다. 남녀차별 마지막 세대인 며느리가 우리 젊은 시절이니 형님들은 숨도 제대로 못 고르며 순종하며 살았으리라.

매사에 예의범절을 갖추어 살아야 하고 대식구를 거느리고 사랑채에 오시는 과객들 밥상까지 챙겨야 했던 형님동서들이다. 일제강점기를 지나고 6.25 사변을 겪었던 곤란하던 시절이라 소문난 부잣

집 명문가라지만 매사에 아끼고 절약하며 살아야 했었다. 그 시절에 시집와 살았던 우리 형님들에게 좋은 생선 한 토막 차지는 먼 나라 이야기였으리라. 내가 네 번째로 젊은 나이니 모두 힘든 세월을 살아오신 분들이다. 그렇지 않아도 엄마로서의 삶이 녹녹하지 않던 우리들 아닌가. 갈치 한 마리 구우면 가운데 살찐 토막은 남편과 아이들에게 주고 어쩌다 꼬리나 대가리 차지도 어려운데 전복이야 가당치나 한 일인가. 우리나라가 대단한 발전을 하고 여자들의 위상이 높아진 덕에 우리 동서계도 맛 좋은 전복을 겁 없이 사 먹을 수 있다.

동서계에서 처음 해외여행 갈 때다. 총무 맡은 막내 동서 서방님이 회사 일 때문에 함께 못가시면서 동서에게 "경주김씨 명문가로 시집 잘 온 덕에 태국여행도 가는 줄 알아라." 하셨던 농담이 노래가 되어 오늘 같은 날이면 우리가 경주김씨에게 시집 잘 온 덕이라며 한바탕 웃는다.

지구상에 사는 수억 인구 중에서 같은 집안의 동서로 인연 맺기란 얼마나 질기고 깊은 사연이 전생에 있었을까. 옷깃을 스쳐도 인연이고 하루 밤을 자면 만리장성을 쌓는다 했다. 우리는 같은 집안의 동서로 만나 20년이 넘도록 모임을 갖고 해마다 긴 여행을 하며 즐겁게 보냈으니 정말로 좋은 인연으로 맺어진 아름다운 만남이라 여겨진다.

우리 집에서 모이는 게 힘들지 않느냐며 묻지만 밥은 방앗간에서 찹쌀 주먹밥으로 넉넉하게 쪄서 온다. 그 밖의 밑반찬도 솜씨 좋은 형님들이 맛있게 만들어 오신다. 가수만큼 노래 잘하는 형님도 계시니 함께 노래도 부르고 고전 춤을 전공한 동서, 장구 치는 동서도 있으니 1박2일이 너무 짧게 지나간다. 가을 시사 철이면 회동동 제실 동천단에서 시사음식 장만하던 젊은 시절도 있었다. 그때에 문중에서 받은 수고비가 우리를 얼마나 신나게 했던지 잊을 수 없다. 이제 세월이 흘러 먼 여행도 못하고 국내여행을 하여도 하루 교통비가 만만치 않으니 작년 여름휴가를 우리 집에서 하였다. 여름 보양식 전복으로 세상 이야기에서 집안일까지 이야기도 나누고 노래도 하며 보내었다. 올해도 1박2일을 알차게 재미있게 보낸다.

내년 뿐 아니라 오래도록 건강하게 한 분 빠짐없이 모두 만났으면 좋겠다. 오늘 따라 먼저 떠난 동서들이 보고 싶다. 특히 올해에 두 분 형님들을 떠나보냈으니 더욱 그립고 보고 싶다.

추억 안의 종가

솟을대문 안으로 사랑마당과 사랑채가 있었다. 사랑채 뒤로 안마당과 안채가 있어 사랑채를 거쳐야 안채로 들어갈 수 있다.

남자들이 다니는 문과 여자들 다니는 문이 달랐다. 여자들은 사랑채 서편 옆문으로 안채로 다녔다. 남자들은 동쪽으로 돌아 들어가야 했다. 시집을 와서 며칠 지나고서야 도대체 내가 어디에 와 있는지 모를 정도로 큰 고가를 살피러 혼자 나섰다.

안마당 서편에 방앗간 채가 있지만 디딜방아는 없고 방아 찧던 홈 파인 돌구멍 흔적만 남아 있었다. 방앗간 옆으로 안채와 통하는 작은 대문이 있어 안으로 들어서니 삼 칸 집이 있었다. 이 집을 새방채라 불렀다.

약 280여 평의 남새밭과 우물이 있고 큰 감나무와 대추나무들이 있었다. 거기에 집안 일 도와주는 식구들이 살았다.

안채 동쪽 조금 높은 곳에 우물이 있고 우물 옆에 장독대가 있었다. 장독마당에 고목인 철쭉이 봄이면 연분홍 꽃을 흐드러지게 피워 눈이 부셨다. 장독마당 옆으로 조금 떨어진 곳에 창고가 두 채 있었다. 무엇이 들어 있는 창고일까, 호기심으로 조심하며 문을 열었더니 새까만 염소가 '음~매에' 소리쳐 얼마나 놀랐던지. 옆 창고에는 곡식이 가득하고 창고 앞에 여러 그루의 늙은 감나무에 염소를 매어두었다. 안채의 넓은 뒤뜰에는 겨울초가 새파랗고 우물 뒤로 난 담장은 대나무 숲으로 쭉 둘러 있었다. 새방 대문 옆 뒤로 지방보호수의 팻말이 붙은 큰 포구나무 고목도 있었다. 방앗간을 돌아나오다 사랑채 부엌 뒤에 딸린 창고를 열었더니 커다란 장독들이 가득 있어 또 한 번 놀랐다. 장독 고방 옆에 널빤지를 빼서 들어내도록 만든 곳간이 있었다. 그 속에 찧지 않은 나락 알곡이 꽉 차 있어 어린 시절 읽었던 동화책에 나오는 옛날 요술의 집에 온듯하였다.

고조부님께서 지으시고 증조부님에 이어 시아버님께서 물려받은 약 200년이 넘은 경주김씨 서동파 종가였다. 세월이 흐르면서 여러 채의 집이 헐리고 남은 집이라 하였다. 평수로 치면 확실하지 않지만 약 1600여 평 남짓하다했다.

동남쪽 담장에 문을 틔어 시삼촌댁과 한집처럼 다녔다. 제삿날이면 삼촌댁에 아이를 재우고 집안일을 도왔다. 어느 제삿날이었다. 재워두고 간 어린 딸이 깨어서 무명 솜 넣은 두꺼운 요에 오줌을 싸고 울었다. 너무 난감하고 미안했었다. 미안해하는 나를 괜찮다고 달래면서 '아이 놀래겠다' 하시던 사촌형님의 따뜻한 말씀과 배려에 정말 고맙고 죄송했다. 지금 생각하면 세탁기도 없던 그 시절 두꺼운 요의 오줌 빨래를 어떻게 했을까 민망할 뿐이다. 사촌 형님동서들 모두 시집와서 처음은 종가에서 살다 분가하여 둘레에 사시니 경주김씨 집성촌이었다.

결혼 날짜를 받고 나니 내 생일 달이었다. 생일 달에 시집을 오면 좋지 않다며 해를 묵히든지 아니면 다시 신행 날을 잡아야 한다는 시아버님의 말씀이셨다. 하는 수 없이 5월에 결혼식을 하고 양력 12월 동지를 며칠 앞두고 신행 식을 치르고 셋째 며느리로 시집을 왔다.

시집와서 얼마 안 있어 동지 팥죽을 쑤었다. 부엌의 큰솥에 가득 끓이고 우리 신혼방 밑 가마솥에도 가득 쑤었다. 아들이 성장하면 사랑뒷방 부친 옆에서 기거하다 결혼을 하면 안채 끝에 방이 신혼방이 되었다. 형님들 모두 이방을 거쳐 살림을 나갔다. 식구들도 많지 않은데 저 많은 팥죽을 어찌 하려나 걱정 되었지만 새 신부라 물어볼 수 없었다. 다 끓인 팥죽을 넓은 사구(옹기그릇) 여러 곳에 담아 식혀 사랑채 뒤 장독방에 두었다.

동지가 지나고 섣달 중순이 되니 설날 쓸 강정 만들 준비를 하였다. 찹쌀과 찐쌀로써 고두밥을 하여 며칠간 말렸다. 그런 뒤 큰 가마솥에 불을 지피고 튀밥을 만들었다. 검은 콩과 흰콩도 볶았다. 흰쌀도 가득 튀밥으로 튀겨왔다. 옛날에는 엿도 집에서 고왔으나 좋은 물엿으로 싸 왔다.

며칠 밤을 집안 여자들이 모여 강정을 만들었다. 모두들 잘하는데 나는 뜨거운 물엿에 버무린 재료를 한 움큼 쥐었다 펴면 와르르 흩어지며 동그란 모양이 되지 않았다. 그래도 흉보지 않고 이리저리 해보라 가르쳐주면서 웃어주던 집안 형님들과 식구들이 고마웠다. 마지막으로 주먹보다 큰 하얀 박상강정을 한 자루 가득 만들었다. 어린 손자들 몫이라 하였다.

그 많은 일을 주간하시는 시어머님은 나를 처음 며느리로 맞이하신 자식을 두지 못한 백씨 어머님이셨다. 자그마한 키에 부지런히 살림을 잘 챙기시고 일 못하는 나를 늘 사랑으로 대하셨다. 둥글고 하얀 큰 강정이 맛있어 보여 몇 개를 방으로 가져와서 단숨에 먹었다. 설날 작은댁에 갔더니 강정을 내왔다. 거슬리어 보기도 싫었다. 그 때 큰아이 임신 입덧을 했던가 보다. 제법 오랜 세월이 흐르는 동안 강정이 보기 싫어 먹지 못하였다. 그렇게 많이 쑨 팥죽과 강정은 한겨울동안 시아버님과 사랑으로 오시는 손님들의 점심과 간식이 되었다. 지금도 팥죽과 강정을 보면 백씨 어머님이 생각난다.

80년대 초 TV 방송 프로 "맛자랑 멋자랑"에 동서들과 집안에 내려오는 전통주 담는 출연도 했었다.

시아버님께서는 신식 공부한 손위 동서 두 분이 집안 살림이며 농사일을 잘못하여 못마땅하셨다. 셋째 며느리는 큰 가마솥에 대식구 밥을 지을 수 있는 일 잘하는 며느리를 들이는 게 소원이셨다. 서울 유학하고 중학교 교사하는 며느리를 맞게 되었으니 성에 차지 아니하여 서운해 하셨다 들었다. 그래도 가끔 사랑채로 불러 신문을 읽어 달라 하셨다. 눈이 어두워서 그러시나 생각했었는데 지금 생각하니 웃전은 모두 살림을 나고 쓸쓸히 지내시다 새 며느리를 맞아 살갑고 친해지고 싶어서 그러셨구나 생각된다. 내가 오기 전까지 사랑채에서 잡수시던 진지를 혹시 밥상 나르다 다칠 새라 배려하여 안채로 오셔서 잡수셨다. 성품이 온화하고 체격이 좋으셔서 한복 저고리 한 벌을 지으려면 치마한감이 필요할 정도였다. 친정엄마 말씀이 예단 한복을 마련하였을 때 옷이 너무 커서 시장사람들이 '장군 옷이다'고 돌려가며 구경했었단다. 사랑문 앞에 헛기침으로 인기척 내는 손님이 오시면 뒷문을 열고 안채로 들여보내시던 시아버님의 인자하신 얼굴모습이 그립다.

시집와서 처음 눈에 들어온 안채 처마 밑 시렁 위에 가지르니 놓여 있는 많은 일인용 사각나무 밥상이 궁금하였다. 사랑에 오시는 과객들의 밥상이었다. 남편 형제들은 학교에 등교하기 전에 사랑채로 과객들의 아침 밥상을 모두 나른 뒤에야 등교를 할 수 있었다. 지각할까봐 항상 뛰어다녀야 했었단다.

어느 날 밥상에 수저를 놓는데 집안 일 도우는 아이가 "아지매 수저 놓을 줄 모르네" 하면서 옆으로 놓을 때는 숟가락 위에 나란히 젓가락을 놓아야 하고 바로 놓을 때에는 왼쪽에 숟가락을 오른쪽에 젓가락을 나란히 놓아야 한다며 그렇지 않으면 야단맞는다고 가르쳐 주었다. 수저는 그냥 놓기만 하면 되는 줄 알았더니 몹시 부끄러웠다. 동래 안락 서원 원장과 향교의 전교를 대를 이어 오신 가풍이 엄한 유교 집안답다 여겼다.

지금은 다세대 주택들이 들어서서 형체조차 망가져 사라졌다. 안동하회마을 류씨 종가를 보면서 종가를 지키지 못하여 조상님들께 부끄러웠다. 잘 보존되었다면 조선말기 한옥구조연구자료로써 높은 가치를 지녔을 텐데. 역사 인식이 바르고 전통을 보존할 줄 아는 자손들의 역할이 얼마나 중요한지 깨달았다. 유럽여행에서 본 세계문화유산으로 지정된 대부분이 제 2차 세계대전의 폭격으로 모두 파괴된 거리와 건물들을 많은 돈과 시간을 들여 복원한 것이었다. 역사와 전통을 숭상하여 복원한 문화재가 유럽으로 세계의 관광객을 불러 모으고 있었다. 그 당시 부산에 우리 시댁만큼 잘 보존된 대갓 집 한옥이 드물었으니 그대로 보존되었다면 문화재로 등재되고도 남을 곳인데 안타깝다. 부산시 동래구 지금은 금정구로 된 서동 452번지에 자리했던 그 종가를 어찌 기억에서 지울 수 있으랴. 언젠가 그 터에 종가의 옛 모습대로 복원할 능력을 가진 자손이 나오기를 기대하는 꿈을 꾸어본다.

사랑의 선물

황혼의 젊음이 배움의 열기로 불태우는 곳이 있다. 거기엔 사랑이 넘치는 곳이며 즐거움과 행복이 함께하는 자리다.

일상으로 우리가 사랑하는 사람들을 칭한다면 혈연으로 맺어진 가족과 친지들을 말한다. 복지관에서 한글을 가르치며 새로운 사랑을 느꼈다. 정말 인간적인 사랑이다. 순수하며 가슴 뭉클하게 하는 사랑이다.

"선상님 점심 잡샀능교?"

"지금 먹으려고 합니다."

그러자 수줍은 소녀 같은 표정으로 다가와 꼭 쥐어준 표 한 장. 복지관에서 '일천원' 하는 식권이다. 순간 마음 한구석이 찡하게 울려온다.

수업을 마치고 나오면 "목 마르조"하며 살짝 안겨주는 음료수 한 병 신문지에 꼭 꼭 싼 야구르트 한 병, 유리병에 담가온 오이김치,

깻잎김치, 군고구마, 감자 등등…

이런 값진 사랑의 선물을 받을 만큼 가르침을 주고 있을까? 나 자신을 되돌아보게 한다.

맞벌이 하는 자식들의 손자를 돌보던지 아니면 가정 사정으로 며칠 결석하다 나오시면 "내사 이래가 언제 다 배우겠능교? 미안합니더." 할 때 한없는 친근감을 느끼게 된다.

교실 밖을 나서는 손에 정성스레 접은 쪽지 한 장.

"선생님 감사합니다. 우리에게 글을 가르쳐주어서, 사랑합니다. 건강하세요."

비록 주름진 얼굴이지만 살포시 미소 지으며

"글자가 맞는지 몰라요."

매일 건강하게 삶의 보람을 느낌이 이 분들의 축복에서 비롯하나보다. 내가 이분들을 가르치는 것이 아니라 사랑을 배우는 학생이다.

"선생님 지가요. 서울 아들 집에 갔는대요. 아들 나오라 안하고 간판 떠듬더듬 일그며 혼자 차자 안갔능교. 이만하면 한글 배우러 온 것 성공이죠."

하시는 할머니 학생들의 힘 실은 말속에 행복을 맛보며 가벼운 발걸음으로 오늘도 복지관으로 향한다.

감동

8월의 따가운 햇살이 저물어가는 통도사 서운암 장경각 뜰에 감미로운 가락이 흐른다. 16만 대장경을 보관한 장경각 안뜰이다. 매미들이 노래하고 푸른 나뭇가지가 기와지붕너머로 고개를 내밀며 춤을 춘다. 그 뜰에 관중석 의자를 놓았으니 아주 훌륭한 야외 콘서트장이 되었다.

"부딪치는 파도 소리 한잠을 깨우니
들려오는 노랫소리 처량하구나~
어기야 디여~차, 어야디야 어기여차 ~~,"

합창단이 뱃노래를 흥겹게 부른다. 갑자기 단원 한사람이 무대계단 아래로 비실비실 뒤뚱뒤뚱 쓰러질 듯 내려오는 게 아닌가. 외국 영화배우 율 브린너를 꼭 닮은 빡빡머리에 건장한 사나이다. 자연히 관중석에 자리한 모든 사람들의 눈이 거기로 쏠렸다. 혹시 넘어지면 어쩌나 어제 귀국하여 시차적응을 못하여 어지럼병이 났나.

이런저런 생각을 하면서 눈은 그 사람을 따라 간다. 계단 밑에서 사진을 찍던 기사도 재빨리 넘어지는 걸 잡아주려 한다. 지휘자도 한 손으로는 지휘를 하고 다른 한손은 그 단원을 부축하려 애쓴다. 비실거리며 내려오던 그가 솔로 마이크 앞에 섰다. 잠시 숨을 고른 뒤에 목소리에 힘이 실리고 노 젓는 흉내를 내며

"어기야 디여~차 어기야 디여 어기여차 뱃노래 하잔다."를 반복하며 장단을 맞추며 노래를 한다. 관객 모두가 박장대소하고 손뼉을 치며 힘껏 뱃노래를 따라 부른다. 삽시간에 공연장은 감동의 도가니로 변했다. 가슴이 후련하였다.

점심 모임에서 서운암 장경각에 도자기 대장경 준공 회향을 겸한 산사야외음악회에 시간 되는 사람 만 가기로 하였다. 공연하는 분들이 스페인 사람으로 우리노래도 부른다는 것만 알고 참석하였다.

'산사음악회'라는 낱말은 나에게 아주 매력적으로 울렸다. TV에서 동영상으로 몇 번 보긴 했지만 참석할 기회가 없었다. 언젠가 기회가 오면 꼭 참석해보겠다는 마음이 있었다. 오늘은 정말 일진이 좋은 날이다. 집을 나설 때 예견하지 않았지만 좋은 시간을 만날 수 있으니.

장경각에 도착하니 벌써 많은 분들이 와 있었다. 오늘 공연할 합창단은 스페인의 '밀레니엄 합창단'이란다. 남자 8명 여자 11명의 혼성 합창단으로 반주자도 모두 스페인 사람이다. 지휘자만 임재석이라는 분이었다.

지휘자 임재석씨는 음악을 공부하려고 약 30년 전 스페인에 가셨다. 처음엔 무척 힘들었으나 지금은 우리나라의 KBS 합창단 같은 국영 방송국 지휘자가 되신 분이다. 유럽에서 동양인이 그만한 지위에 오르려면 얼마나 피나는 노력을 하셨을까. 누구나 자기 분야에서 성공한 스토리에는 끈질긴 노력과 열정이 있었다. 쉽게 일구어낸 사람은 없다. 어느 정도 자리를 잡고 난 뒤 스페인 음악인들에게 우리나라 노래를 가르치고 싶어 시작한 것이 지금에 이르렀다고 설명해 주셨다. 처음엔 어려움이 많았다고 한다. 우리나라에서 우리말로 가르치는 일도 쉽지 않은데 외국인에게 우리말로 노래를 가르치려니 좌절과 어려움도 많았으리라. 묵묵히 외국에서 우리의 정서를 알리며 애국하는 이분들이 진정한 애국자라 할 수 있을 것 같다.

서운암 주지 스님과는 스페인 도자기 그림 전시회에서 인연을 맺어 장경각 회향 산사 음악회를 열게 되셨다. 연주곡은 1부는 스페인 민요곡 9곡이고 2부에 우리가요 11곡을 불렀다. 스페인 곡 9곡은 감미로우면서 우렁차고 아름다운 멜로디였다. 우리가 아는 곡이 없어 깊은 감응은 조금 덜 받은 편이다. 2부 공연은 여성합창단원 모두 흰색치마에 검푸른색 저고리를 입고 하얀 고름을 길게 내렸다. 머리도 올려 단장하였다. 복장은 형식이라지만 형식 안에 진정한 마음과 성의가 보인다. 모임의 성격과 장소에 따라 최소한의 의관은 갖추어야 진정한 예의를 지킨다 할 수 있다. 합창단의 복장은 우리나라에 대한 예의로 보여 한층 돋보였다.

우리 귀에 익숙한 가요곡인 바위고개, 몽금포 타령, 밀양 아리랑, 뱃노래 등을 그냥 서서 부르지 않고 약간의 퍼포먼스도 곁들인다. 그중 하나가 뱃노래의 퍼포먼스 깜짝 쇼 공연이었다. 우리를 얼마나 많이 웃기고 즐겁게 하였던지 그 웃음으로 스트레스 확 풀리고 마음이 환해졌다. 뱃노래 다음 곡부터 관중들은 박수로 박자를 맞추며 노래를 따라 불렀다. 모두 한마음이 되었다. 예술이란 아름다움을 창조하는 것이 으뜸이지만 인종과 장소와 시대를 초월하여 서로의 마음을 소통하게 하는 최고의 약이 될 수 있다는 배움을 새삼 깨우쳐 주었다.

외국인이 부르는 우리 가요지만 정확한 발음으로 인한 가사전달이 놀라웠다. 지휘자가 가사를 그냥 우리말로만 가르치지 않고 우리의 정서까지 열정을 쏟아 가르친 결과라고 여겨졌다. 특히 "우리의 소원"을 독창하는 가수의 음성과 표정은 마음을 짠하고 뭉클하게 하여 어떤 이는 눈물이 핑 돌았다고 하였다.

나는 TV 드라마 중 사극을 좋아하여 거의 다 보는 셈이다. 요즈음은 MBC주말 연속극 "무신"을 빼놓지 않고 시청한다. 그 부제목이 대장경 천년 특별 기획 드라마다.

고려는 약 100년간 무신정권시대가 있었다. 그때 몽고군의 침공이 일곱 차례나 있어 국토를 황폐하게 하고 백성들의 생활을 도탄에 빠지게 하였다. 막대한 인명과 재산뿐 아니라 많은 문화재의 피해로 국가를 망할 위기에 놓이게 하였다. 백성들은 풀뿌리 하나도 식량으로 구하기 어려웠고 나라는 도읍을 못 지켜 강화도로 도피했다. 그런 가운데에 부처님의 힘을 빌리어 몽고군을 물리치겠다는 생각으로 15년간 막대한 재원과 인력을 들여 팔만대장경을 완성하였다. 백성들은 헐벗고 굶주리는데 대장경을 이룩한다는 것은 너무나 어리석고 바보 같은 생각이라 할 수도 있다. 그 시대 지도자는 왜 무모하다 싶은 이런 일을 해야만 했던가. 큰 신심 덕분이기도 하겠지만 피폐해진 백성들의 마음을 한곳으로 모으고 국력을 회복하기 위한 최후의 수단이었으리라 조금은 이해가 된다. 천년이 지난 지금 고려의 팔만대장경은 우리의 소중한 불교 문화유산이 되었으며 유네스코 세계유산으로 등재되어 외국의 어떤 문화유산에도 뒤지지 않는 자랑스러운 보물이 되었다.

성파 스님께서 서운암의 장경각을 조성한 목적 중의 하나가 남북통일 기원이라 설명하였다. 현재는 글로벌 시대라 어느 한나라의 경제만 부흥할 수 없다. 유럽경제가 흔들리니 세계 여러 나라가 요동을 친다. 우리나라 역시 마찬가지라 실업자가 늘어가고 가정이 파괴되는 기사가 신문과 방송에서 연일 한 페이지를 장식한다. 북한의 3대 세습과 일본과의 독도 영토 문제 등 아무것도 모르는 서민의 입장에서 보아도 어느 것 하나 어렵지 않는 게 없다. 쓰나미 같은 자연재해도 한몫을 한다. 이 어려운 시대에 조성한 16만 도자기 대장경 역시 국민의 마음을 한곳으로 모으는데 일조하는 신심에서 나온 것 아닐까 이해 해본다.

따가운 팔월의 태양이 슬그머니 꼬리를 내린다. 해질녘 서쪽하늘이 어둑하고 푸르스름한 사이로 붉은 저녁노을이 밀려온다. 한 자락 시원한 바람이 살갗에 스며들어 맑은 하늘에 번져간다. 모두 함께 합창한 "고향 생각"으로 감동의 물결이 절정에 닿았다. 세계는 하나 우리도 하나 오늘은 마음이 가뿐하고 감동 받은 하루였다.

세 자매의 들통 모의

파리의 에펠탑과 세느강 야경은 장엄하고 찬란하였다. 유람선 승선은 즐거움을 마음껏 누리게 했다. 거의 새벽 한시가 지나서 숙소로 왔다. 잠시 단잠에 빠졌다 깨어서 피곤하여 꿈나라를 헤매는 동생들을 흔들어 깨웠다.

"바라, 바라, 선임아, 선옥아, 일~나 바라."

"유람선 보며 엉덩이 노출 춤추던 학생들 생각나나"

반쯤 잠속을 헤매며

"응, 진짜, 웃끼고 재미있었다, 오늘."

"니들 베르사이유 안가고 싶냐?"

"으응, 가고 싶지, 여기까지 와서 그 좋다는 궁전 안보면 어쩌노?"

"그래 됐다."

"지금 몇 시고."

"4시 쫌 넘었다. 조금 더 자고 5시 반쯤 일어나 아침 먹고 우리끼

리 출발하자."

"언니, 니 돈 있나?"

"내 카드 있다 아이가, 그 카드로 지하철 타고, 기차 타고 베르사이유 가면 되지…! "

막내가 "어디서 지하철 타고 기차를 타는지 아나?" 물었다.

"여기 뛸러리*Tuileries*역 루브르 박물관 근처 아이가, 여기서 지하철 타고 어제 갔던 생 라자르역에서 베르사이유 가는 기차를 타면 바로 거기라 하더라. 모르면 손짓 발짓으로 물어보면 되지."

"자 ~, 좀 더 자자,"

개장이 9시니 우리끼리 먼저 가서 입장권 사 놓고 핸드폰으로 연락하여 온다면 기다리고 안 오면 숙소에서 만나면 서로가 편할 것이라 모의하고 눈을 감았다.

영국 윈저성을 관람하고 아름다움에 놀라워하니 사위는 베르사이유궁을 먼저 보았기에 감응이 별로라고 했다. 다녀온 지인들 대부분이 규모의 대단함과 화려함에 감탄하였기에 꼭 가보고 싶은 곳이다.

베르사이유 위치가 파리에서 기차로 약 한 시간 거리다. 오늘이 일요일이라 입장권 사는데 엄청 시간이 걸릴 것이니 규모는 작지만 베르사이유궁을 모델한 궁전이 있어 관람을 대신 하자는 의견을 딸이 제시했다. 그러면 파리의 더 많은 명소를 구경할 수 있다고.

영국에 세 자매가 모이면서 딸 내외의 고민이 시작되었다.

나이는 들어도 아직 마음이 늙지 않아 어디든 갈 수 있고, 무엇이든 할 수 있을 것 같은 우리다. 대학을 졸업한 에리트라 자부하는데 그들 눈에는 우리끼리 외국에서 다닌다는 게 무척 위험해 보이는가 보다.

옥서포드와 블랜하임 여행도 함께 가야 한다는 걸 내가 다녀온 곳이라 겨우 설득하여 이틀간 세 자매만의 즐거운 자유여행을 성공적으로 끝냈다.

딸 왈, "엄마, 또 런던과 파리도 이모들과 셋이 갈꺼죠? 절대 안되요. 무슨 사고라도 생기면 큰일 나니 함께 갑시다." 하고 다짐했다. 어쩔 수 없이 런던 여행은 딸과 함께 했다. 우리 셋이 다니는 것보다 편하긴 하나 괜한 시간 빼앗는 것 같아 미안스러웠다. 사실 젊은 사람들이 하던 일을 쉬면서 우리와 다니는 게 무슨 재미가 있겠는 가. 파리여행도 우리끼리 하려했지만 영어가 통하지 않고 여행객 노리는 소매치기 등 위험한 요소가 너무 많다면 만약 무슨 사고라도 생기면 하는 염려에 함께 왔다.

너무 미안스러워 늦잠도 재울 겸 새벽 6시경 숙소를 나왔다. 파리 중심가, 조금은 싸늘한 새벽 공기가 몸을 감싸니 새롭기도 하고 사진으로 보던 파리 시내를 걷는 게 무척 감격스러웠다.

비자카드로 지하철 표를 뽑았다. 어찌 된 영문인지 표가 나오지 않는다. 새벽이라 안내소 직원이 꾸벅꾸벅 졸고 있다. 우리를 보고 나와서 카드를 건내 받아 표를 뽑으려 시도해 보더니 프랑스 카드가 아니어서 안 된다는 말을 하는 것 같았다. 정말 당황스러웠다. 우리가 난감해하는 걸 본 직원이 현금 인출기에서 현금을 찾아 표를 사라고 하며 길 건너편에 있다고 가르쳐주었다. 말을 모두 알아듣지는 못해도 표정과 중요한 단어 몇 개로 알 수 있었다. 겨우 인출기를 찾아 시도 해보아도 돈이 나오지 않는다. 시간은 자꾸 흐르고… . 마지못해 딸에게 전화해도 받지 않는다. 어쩔 수 없어 숙소로 돌아왔지만 들어 갈 수 없다. 숙소 문을 나오는 것은 자유롭지만 다시 들어가려면 열쇠가 있어야 한다. 열쇠는 모두 딸이 가져가버려 우리는 없다. 딸의 핸드폰이라 숙소 주인의 번호가 찍혀 있을 것 같아 찾아 연락했더니 받았다. 정말 구세주를 만난 기분이었다. 숙소 주인이 가르쳐 주는 대로 인출기에서 돈을 뽑으려 해도 도무지 돈은 나오지 않는다. 시간은 자꾸만 흘러가서 7시 반이 되어간다. 그때 사위에게서 전화가 왔다. 딸은 7시에 일찍 베르사이유 갈 준비하러 우리 방에 갔으니 바로 출발할 것이라며 우리숙소에서 만나잔다.

혹시 무슨 일 있으면 연락 하라고 두고 간 딸의 핸드폰을 우리가 가지고 나왔으니 사위에게 우리가 없어진 것을 알리려 나오다 마주친 딸의 표정을 상상하면 지금은 웃음이 나오지만 그때 우리는 어떤 변명도 할 수 없었다. 사고는 그 뿐이 아니었다. 숙소 주인에게 현금인출 설명 들으며 여러 번 시도하다보니 핸드폰 충전 약이 바닥나 버렸지만 몰랐다. 사위는 통화가 되지 않으니 문을 열수 없어 우리가 내려오기를 기다리고 우리는 사위를 기다리며 또 시간을 보냈다. 밖에서 우리가 내려오기를 기다리다 지친 손자가 고성방가로 "엄마~," 하고 부르는 소리에 그때서야 핸드폰이 안 되는 줄 알았다. 사위는 얼마나 화가 났을까. 장모와 처이모에게 마음대로 화를 낼 수도 없고.

"엄마가 나를 우리 방으로 가라할 때 알았어야 했는데, 셋이 가시려고 어제부터 계획 했구나."

짧은 시간에 예약하느라 한곳에 숙소를 잡지 못하였다. 딸이 우리와 자려는 것을 아이도 있으니 같이 가라고 굳이 보냈다. 그때부터 계획했느냐 따져도 우리는 할 말이 없었다. 서로 여행일정을 의논하고 헤어졌다면 이런 일이 일어나지 않았을 걸…

식구들 아침도 굶긴 채 출발했지만 11시 반이 훌쩍 넘어 베르사이유 궁에 도착했다. 입장권 사려는 관광객이 광장을 꽉 메우고 있었다. 표를 사려면 언제가 될지 그냥 돌아가야 할지 가늠이 되지 않는다. 가만히 지들 의견에 따랐다면 적어도 10시전에 도착하였을 텐데… 그래도 왔으니 관람을 해야지. 사위는 짐을 지키기로 하였다. 오후 1시가 지나서 겨우 입장할 수 있었다. 궁전 내부로 들어가니 관람객으로 몹시 붐빈다. 각 방마다 인물 벽화, 천장화 아기천사들 그림은 곧 바로 내려와 손에 잡힐 것처럼 입체감이 넘친다. 특히 찬란한 쌍데리아 등과 정원 쪽으로 창문이 17개며 반대 벽면은 578장의 거울로 장식 되어 있다는 거울방*Galerie des Glaces*은 화려함의 극치다. 천장은 루이14세의 업적을 기리는 30개의 천장화가 그려져 있어 감상 하는데 고개가 아팠다.

유럽 궁전의 천장화를 보면서 천장에 매달려 어떻게 저 많은 그림을 그렸을까. 감탄하기도 하고 예술가의 아픔과 혼신을 온몸으로 느끼며 바티칸 궁 천장화를 그리다 고개가 붙었다는 미켈란제로의 이야기가 정말 피부에 와 닿았다.

5시까지 유로스타 역에 도착하여 출국 수속을 해야 한다는 압박감에 서둘러 관람하며 창문을 통해 간간히 베르사이유궁 정원의 아름다움을 바라보며 아쉽지만 만족해야했다.

사위가 구경 잘 했느냐 반기며 노트르담 사원을 한 시간 쯤 관람할 시간이 있단다. 정말 고마웠다. 조금이라도 더 많은 관람을 시켜주려는 마음의 배려가. 그것도 모르고…

파리의 상징적인 사원 건물이며 우리에게는 영화 "노트르담의 곱추"을 추억하게 하는 곳이다. 노트르담이란 성모 마리아를 말하며 나폴레옹 황제 대관식을 한 곳으로 유명하다. 역시 휴일이라 입장 대열이 너무 길어 런던의 세인트 폴 대성당을 본 것으로 대체하고 (유일하게 입장료 없는 곳인데 아까웠음) 밖에서 사진 찍는 것으로 만족하였다.

언제 또 세 자매가 함께 파리에 올수 있겠는가.

파리여, 아~듀!

파리를 떠나 영국 유로스타역 센트 판클라스역을 거쳐 런던의 페딩역에 도착하였다. 저녁 8시가 넘었지만 백야 덕분에 아직 해가 한낮 같다. 우리가 탈 디드코트행 기차시간은 40분 쯤 기다려야했다.

동생들이 "파리여행 뒤풀이와 베루사이유 들통 모의를 사죄할 겸 저녁 살게" 하여 역 근처 한인식당에서 모처럼 그리운 한국 말 들으며 한식으로 맛있는 만찬을 하였다. 사위와 딸에게는 미안하지만 이정도의 에피소드가 없으면 무슨 이야기꺼리가 있겠는가.

팥빙수 한 그릇

매달 한 번씩 여고 동기회 모임이 있다.

이날 우리는 언제나 여고 시절로 타임머신을 타고 시간을 가르며 날아다니느라 얼굴에 웃음꽃이 활짝 피어오른다. 졸업한지 까마득한 세월이 흘러 함께 늙어가고 있어도

"니 오늘 참 이쁘다."

"그 옷 잘 어울린다" 며 젊은 사람들이 들으면 웃고 흉볼 일이지만 서로를 격려함에 한 동기간 같고 허물없어 편안하다. 젊은 시절에는 제각각의 깊은 사연을 조금씩 숨기고 좋은 점만 보이려 하던 때도 있었다. 이제는 어떤 이야기를 하여도 소통되고 주제와 상관없이 즐겁게 떠들어댄다. 그러다 시간이 훌쩍 지나고 헤어질 시간이 되면 무척 아쉽고 바람이 빠져버린 풍선처럼 허전하다. 그 허전함을 달래려고 2차로 영화관이나 노래방에서 그리움을 달래는 공연도 펼친다.

오늘은 오랫동안 병석에서 고생하던 친구가 아들과 합가하여 서울로 떠나기 전에 참석하는 특별한 자리다. 지금 이별하면 영 얼굴을 볼 수 없을 지도 모르는 일이니 안타까운 모임이었다. 우리는 서로 아픈 친구를 걱정하고 정말 아들과 합치는 게 좋은 생활이 될까도 생각해 보았다.

누구나 거처 가야할 시간이다. 먼저 오고 나중에 오는 게 다를 뿐이지. 착잡한 마음으로 헤어져 더욱 가슴 아픈 날이었다.

하필 내 생일이라 자녀들이 모두 멀리서 집으로 온단다. 나도 늙기는 했나보다 생일 챙기러 온다니. 애들 도착하기 전에 음식도 준비하고 집안청소도 해야 하니 참석할 수 없는 형편이었지만 마지막이 될지 모를 친구를 보려고 억지로 시간을 내어간 모임이었다.

어린 시절 할머니께서는 집에 오는 손님 중에 가장 반가운 손님이 자식손님이라 했다. 멀리 계시는 삼촌이 오시는 날이면 언제나 부엌을 서성이며 삼촌이 좋아하는 음식을 하라 일렀다. 내가 어쩌다 친정에 들리는 날이면 엄마도 무엇하나라도 더 먹이려 애쓰고 한보따리 싸서 들려주어야 만족한 얼굴을 하셨다. 우리들 할머니와 어머니의 마음이 모두 부모의 마음인 줄 이제야 이해할 것 같다.

2차 모임에 가지 못하고 집에 올 아이들을 위해 근처 백화점 지하에 있는 마트로 저녁 찬거리를 사러 갔다. 친구들과 헤어져 혼자 온 것이 못내 아쉽고 무언가 빠뜨린 느낌이다.

그때 어디선가 이름 부르는 소리가 언 듯 들린 것 같았다. 잠시 헛소리를 들었나 생각했다. 다시 귀에 익숙한 목소리가 들렸다. 조금

전에 헤어진 친구의 음성이다. 뒤돌아보니 손을 흔들면서 환하게 반기는 얼굴로

"왜그리 못듣노. 한참 불렀는데…"한다.

"너그 노래방이나 영화 구경 안갔나."하고 반가워서 물으니

"시간도 어중간 하고, 니 혼자 보내고 나니 서운해서 아이스크림이나 팥빙수 한그릇 먹고 헤어지자고 우리 모두 여기 왔다. 장 다 보고 저쪽에 있는 아이스크림 가게로 온나" 하며 사라지는 친구의 뒷모습이 너무 아름답다. 가슴에 짠한 감동이 잔물결로 일렁인다.

'지들 끼리만 먹고 가도 될텐데…'

지하까지 내려와 사람들 사이를 헤집고 찾아 챙겨주는 친구들의 마음에 말로 표현할 수 없는 고마움이 울컥하고 행복하여 온몸을 감싼다.

팥빙수가 예쁜 유리그릇에 눈처럼 하아얀 얼굴로 봉곳이 솟은 붉은 팥과 과일 고명을 하고 새색시처럼 앉아있다.

오늘 따라 왜 이리 맛있고 달콤한지. 입안에서 살살 부드럽게 녹는다. 앉아 있는 친구들의 얼굴이 세상에서 가장 아름답게 보인다. 나를 생각해 주는 정답고 고마운 마음을 듬뿍 받고 돌아오는 전철안은 외롭지 않고 내내 행복한 감동으로 설레었다.

주변에 있는 모든 지인들에게 지금까지 하지 못한 따뜻한 말 한마디의 정이라도 줄 수 있는 사람이 되어야지.

거울마음 닮을 까

얼마나 울어야 마음이 희어지고/ 얼마나 울어야 가슴이 열릴까
얼마나 사무쳐야 하늘이 열리고/ 얼마나 미워해야 사랑이 싹이 터나
얼마나 속아야 행복하다하고/ 얼마나 버려야 자유스러울까
얼마나 태워야 오만이 없어지고/ 얼마나 썩어야 종자로 열릴까
얼마나 닦아야 거울마음 닮을까 …

-『얼마나 닦아야 거울마음 닮을까』 찬불가 중에서

어느 법회에서 불교합창단이 부르는 찬불가 "얼마나 닦아야 거울마음 닮을까"를 처음 들었을 때였다. 고요하고 신성한 법당을 타고 흐르는 부드러운 선율과 가사가 가슴에 파고들어 순간 눈물이 핑 돌았다. 별 반성 없이 살아온 나의 삶을 되돌아보게 하는 노래였다.

부산 가톨릭 문학상 시상식에 가까운 지인의 수상소식이 반가워 축하해 드리려고 참석하였다.

시상식이 끝나고 저녁식사를 대접해주었다. 늦은 겨울밤이라 식사할 곳도 마땅하지 않는 터라 고맙고 반가웠다. 참석한 많은 사람들이 한꺼번에 뷔페로 차려진 임시 식당으로 갔다. 차례로 줄을 서서 음식을 접시에 담았다. 자연히 가깝게 지내는 동인들과 함께 자리를 하고 안부와 시상식 장면들을 화제로 나누며 맛있게 먹었다. 빨리 식사를 끝낸 분들이 한분 두 분 식당을 빠져 나가기 시작했다. 각자 먹은 접시들을 들고 개수대 쪽으로 가는 것이 보였다. '셀프구나' 그러면 내가 먹은 접시는 닦고 가야 된다. 익숙하지 않는 환경에다 어둡고 추운 날씨라 귀찮은 생각이 똬리를 틀었다.

순간 괜히 먹었네, 그냥 갈 걸 하는 생각마저 들었다.

"ㅅ선생님, 우리 접시 씻어놓고 가야되네"

"응 그러네"

먹긴 했지만 그릇 씻을 생각을 하니 꺼려졌다. 가만히 살펴보니 개수대는 조그만 하고 많은 분들이 몰려 있으니 난감한 생각이 들었다. 지하철을 타고 가려면 거리도 멀고 이런저런 생각이 머리를 스치자 괜히 마음이 급해졌다. 늦게 와서 우리와 함께 자리 했지만 식사가 끝나지 않은 동료들은 생각지 않고 내 그릇만 챙겨가지고 일어섰다. 먼저 간다는 인사도 나누지 않고 거기다 우리가 먹던 과일 껍질까지 앞 동료의 접시에 담아주며 함께 버려 달라 당부하고 나왔다. 마침 먼저 그릇을 씻던 분이 있어 우리를 보고 자기가 하겠다며 그냥 놓아두고 가라 하였다. 인자해 보이며 신심이 두터운 신자 같았다. 우리는 얼씨구 좋구나 하며 나왔다.

지하철을 타고 장시간 이야기를 나누며 집으로 왔지만 방금 전에 있었던 내가 한 행동에 대해 아무런 생각이나 가책 없이 왔다.

잠자리에 들어서 오늘 한 일을 조용히 돌이켜 보았다.

무엇이 바빠 그렇게 서둘러 왔을까 집에 돌아와도 별 할 일이 없으면서…

모처럼 함께한 동인들과 이야기도 많이 나누며 그들이 먹은 접시도 함께 닦고 헤어져야 했을 걸. 그런다고 아주 긴 시간 걸리지 않았을 텐데, 후회 되었다.

다른 사람들에게 배려하고 조금 귀찮은 일이라도 함께 나누며 살아야지 하는 마음은 순간순간 사라지는 것일까. 특히 과일 껍질을 같이 버려 달라고 명령조 같은 말을 남기고 빠져나온 나의 뒤통수를 보고 얼마나 의아하고 황당했을까 생각해보니 부끄러워 잠이 들지 않았다. 내일 아침 일찍 일어나 전화하고 사과해야지 어제 저녁 내 행동이 미안했다고… .

마음 깊숙한 곳간에 숨겨져 있는 본심은 무얼까. 세상을 떠날 때까지 버리지 못하는 것은 무엇일까를 생각해 보며 지난 세월 살아온 서툰 삶을 반성해본다.

젊은 시절은 주위를 살펴보고 돌아볼 생각일랑 아예 하지 않은 채 움켜쥐고 옭아매고 앞만 보고 내 가족만 생각하며 달리는 삶이었다. 나이가 들면서 남에게 피해를 입히지 말고 조금은 배려하고 살아야지 다짐하지만 막상 나에게 불리하고 귀찮고 손해 볼 것 같은 마음이 생기면 순발력 있게 돋아나는 또 다른 한 사람의 나를 만난다. 오늘을 또 그렇게 보냈구나.

꽉 찬 욕심덩어리로 이 몸 안 어디엔가 채워져 있을 이기심과 탐욕들을 마음에서 지우고 비우려면 얼마나 오랜 시간이 주어져야 될까. 미워하고 오만한 마음까지 다스리려면 얼마나 많은 시간이 흐르고 닦아야 될까. 정말 거울 마음은 닮을 수 있을까.

"얼마나 닦아야 거울 마음 닮을까"를 좋아하며 흥얼거리는 마음은 내 마음의 겉치레라 말인가. 그러면 나의 참마음은 어디에서 찾아야 할까… .

소중한 가르침 사랑

교실 정면을 가득 메운 칠판에는 원소 주기율표의 괘도가 걸려있다. 그 옆으로 화학 기호가 빽빽이 쓰여 있다. 교탁 앞엔 미남형에 늘씬한 젊은 선생님이 '12시 5분'의 자세로 학생들을 지켜보고 계신다. 하얀 깃을 빳빳하게 세운 감청색 교복으로 단장한 16,17세의 아리따운 여학생들이 잔뜩 긴장된 얼굴을 하고 앉아 있다. "리 베 비씨는 노 오 프 레요. 나마가 알씨는 인 황 염화라." 목소리를 돋우며 열심히 외운다.

"NaOH + Hcl = Nacl + H2O"

"HS03 + NaOH = NaS04 + H2"

"앗 뭔가 맞지 않네"

내가 기억하고 있는 화학 방정식이 맞는지 틀렸는지는 모르지만 지금 나의 머리에 삼십육 여 년 전 비디오테이프가 열심히 돌아가고 있다.

이것은 '알리바바' 에 나오는 '열려라 참깨'가 아니다. 동화 속에 나오는 요술과 마법의 주문도 아니다. 열심히 외우고 익혀야만 훗날 솥뚜껑 운전수와 부엌 떼기를 면할 수 있다는 선생님의 강경한 지론에 따라 열심히 공부하고 있는 삼십육 여 년 전 동래여자고등학교 교실의 한 모습이다.

'너희들이 어른이 되었을 때는 현모양처'의 초상이 바뀐다. 여자의 최상 목표가 밥 짓고 빨래하고, 아이 키우는 것만이 아니다. 밥 짓고, 빨래하고, 청소하는 것은 모두 기계가 해 줄 것이다. 너희들은 열심히 공부하여 전문직으로 일하는 여성이 되어라. 여성도 밖에서 일하고 돈을 벌어야 한다. 그래야만 남편과 동등한 위치에 설 수 있다.

이러한 선생님의 열성적인 가르침과 매력 덕분으로 우리 동기생들은 대학 예비고사 선택과목 중 과학 부분엔 단연 생물 물리보다 화학을 선택하는 학생이 많았다. (5.16 쿠데타 후 첫 예비고사가 1961년도에 실시됨) 나 역시 문과에 진학하면서 쉽다는 생물을 선택하지 않고 화학을 선택한 학생이다.

동창회 사무실에서 오재용 교장선생님의 평교사 시절을 글로 적어 보라는 전화를 받고 나니 갑자기 가슴이 두근두근 거리며 말 그대로 꽃다운 여고생이 된 기분에 젖었다.

그 옛날, 옛날 강산이 세 번이나 바뀌었으니 먼 옛날이라 기억해도 좋으리라. 선생님께서는 키가 지금보다 훨씬 크고 날씬한 미남형의 젊은 엘리트였다. 우리에겐 교장선생님보다는 '젊은 화학 선생님 오재용'이 더 정겹게 느껴진다. 세월은 흐르는 물과 같다더니 지나온 발자취가 희미한 것 같지만 더욱 또렷하게 되살아난다. 정말 선생님께서는 선견지명先見之明이 있으셨다. 지금 우리는 선생님의 말씀대로 버턴 하나만 누르면 기계가 알아서 척척 빨래도 하고 밥도 한다. 그 동안 신문 잡지를 읽고 방안에 앉아 영화감상도 즐긴다. 그 시절 선생님의 말씀은 환상과 꿈의 세계였지만 현재 우리는 바로 그 세계 속에서 생활하고 있다.

선생님 계시는 곳이면 항상 학생들이 모여 있었다고 기억된다. 특히 특별활동 사진반 학생들, 나는 사진반이 아니었지만 그 때 사진기를 만진다는 것은 정말 어려운 일이었다. 카메라 보급도 지금처럼 많지 않았고 '자동'이란 단어 자체도 없었던 시절이었으니… . 사진반 학생들은 부러움과 질시의 대상이 될 수밖에 없었으리라. 이 추억도 지금 생각하니 선생님께서 30년 40년 후의 세상을 생각하고 가르치신 것이었다고 여겨진다.

졸업을 하고 난 뒤의 선생님은 항상 우리에게 인자하신 친정아버지 같은 분이셨다. 모교행사가 있어 모처럼 방문할 때면 선생님이 교장선생님으로 계셔서 늘 든든하고 푸근하였다. 약간의 사투리와 호탕한 웃음, 여전하신 '12시 5분'과 '200도'의 별명 그대로이신 건강한 모습으로 우리들의 이름을 부르며 맞아 주시니 우리는 든든한 백그라운드를 등에 업고 방문할 수 있어 너무 좋았다.

학교가 정겹고 추억 어린 복천동 옥샘 터를 떠나 구서동으로 옮겨가자 여간 낯설지 않았다. 그래도 선생님의 고명하신 생각으로 본 교사 건물을 그대로 옮겨 놓았으니 시집간 딸들에게 옛 친정집을 마음에 그대로 심어주신 것이다. 일학년 때 우리 교실은 여기고 2학년 때 우리 교실은 저기다. 마음대로 지껄이며 다시 여고생으로 돌아갈 수 있게 해 주신 배려는 정말 선생님이 아니시면 어느 누가 할 수 있었을까.

화학 선생님, 아니 교장선생님, 꿈 많던 여고생이 자라 엄마가 되고 그 엄마의 딸이 모교의 재학생이 되어 엄마의 스승을 다시 교장선생님으로 모셨을 때 저는 매우 기뻤습니다. 어디 저뿐이겠습니까? 저처럼 딸을 모교에 입학시킨 동문들의 마음은 한결 같았을 것입니다. 이제 선생님께서는 정년을 맞으셨고 사랑하시던 교정을 떠나십니다. 우리들이 모교를 방문할 때마다 든든하고 포근하게 감싸주시던 모습은 이제 교정에서 찾아 볼 수 없게 되었지만 옛 본관 건물을 보며 선생님을 생각할 것입니다. 우리 마음 속 깊은 곳에 자리한 화학시간을 생각할 것입니다. 저도 나이가 쉰하고 몇 해를 지나다 보니 선생님의 간절하신 가르침을 잊어버리고 글 솜씨조차 변변치 못하여 그 시절 폭넓은 가르침 모두를 표현하지 못한 것 같아 안타깝습니다.

선생님! 부디 몸 건강하시고 가내 두루 편안하셔서 행복한 노후생활을 누리십시오. 학교 밖에서라도 평생 스승으로 남아 격려해 주십시오.

(동래여고 교지 옥샘에 실은 글)

껌 자국

지하철에 유별난 차림새를 한 사람이 탔다. 그는 꽤 큰 중절모 모양의 모자에 여러 개의 벳지를 빽빽이 달고 있다. 여러 색깔의 매직팬으로 질서 없이 마구 휘갈긴 피켓도 들고 있다. 커다란 주머니가 달린 짙은 카키색의 허름한 등산복 차림은 얼른 보기에 약간 정신이 이상한 사람처럼 보인다. 시력이 좋지 않아 벳지와 피켓의 글씨를 명확히 읽을 수 없으니 더욱 그렇게 여겼다. 간혹 지하철에서 말쑥한 복장을 한 평범한 청년들과 중년의 사람들이 정신이 이상한 행동을 하는 것을 볼 수 있다. 현대문명이 급속하게 발달하는 사회생활에 빠르게 적응하기 어려운 사람들이 정신적 혼란을 겪는 건 아닐까. 복장까지 특별하니 더욱 그렇게 생각했다.

그가 한 무리의 학생들이 서 있는 곳으로 조심스럽게 다가서더니 무엇이라 말을 하려하자 학생들이 모두 돌아서며 외면한다. 멋쩍은 듯 가만히 학생들을 보고 서 있다. 그때 신사 한 분이 그에게 "오늘도 수고하시네요." 하며 다정하게 인사를 나누었다. 주위의 모든 사람들이 의아해했다.

"이분은 껌 자국 없는 거리를 만드는 캠페인을 하는 분입니다. 아무도 지원 하지 않고 혼자서 생업도 저버린 채 이렇게 피켓을 들고 온 시내를 다니며 계몽봉사를 하지요. 그걸 알고 몇몇 동회와 구청에서 상을 주기도 하였습니다." 그 말씀을 듣고 모두들 그분을 다시 돌아보았다. 학생들도 그분의 말씀에 귀를 기우렸다. 다시 피켓에 쓰인 글과 모자의 벳지를 찬찬히 들여다보았다. 피켓에는 "거리에 쓰레기와 담배꽁초 함부로 버리지 말자. 아무 곳에나 침 뱉지 말자. 껌 뱉지 말자." 등이 쓰여 있으며 껌과 쓰레기로 지저분해진 거리의 사진들을 붙여 놓았다. 벳지는 태극기와 자연 경관이 아름다운 유명사찰과 국보급 문화재들이었다. 그제야 그 사람은 학생들과 승객들에게 자기가 하는 일의 필요성을 설명하였다. 설명을 듣는 모든 사람들이 그를 다시 보게 되었고 정말 좋은 일을 하는 분이라 공감하였다. 조그만 봉사를 하고 약간의 성금을 내고 언론에 사진을 올리며 과시하는 사람들을 우리는 보고 있다. 그런 사람들에게 비하면 남이 알아주지 않아도 지원 해주는 이가 없어도 꼭 해야만 되는 일을 묵묵히 하는 이런 분들이 있어서 세상이 밝게 돌아가나 보다. 내 옆자리에 앉아있던 아주머니가 "껌을 못 씹게 하는 나라도 있다던데요."하였다. 그 말을 듣자 생각이 났다.

지난해 10월 친구들과의 싱가포르 여행을 하였다. 가이드가 외국인들이 입국할 때 껌은 통관시켜 주지 않는다 했다. 아, 그래서 싱가포르 거리가 껌 자국 하나 없는 깨끗한 거리구나. 많은 지하자원도 없고 국토의 면적도 우리 부산보다 조금 더 넓은 나라다. 싱가포르 섬이 수도이고 그 밖의 작은 40개의 섬들로 이루어진 나라, 여러 나라의 무역 금융사무소와 쇼핑몰을 관광산업으로 유치하여 경제대국이 된 선진국이다. 인공으로 조성한 나무와 숲이 아름답고 깨끗한 나라였다. 하루만 돌아보면 모든 관광지를 볼 수 있는 작은 나라며 면적이 넓지 않기에 관광명소를 다니다보면 앞서본 빌딩과 거리를 자꾸 보게 된다. 나라의 상징 사자상 조각이 있는 멀 라이언 공원이며 조롱새공원, 새로운 관광지로 떠오른 거대한 세 개의 기둥처럼 보이는 마리나 베이션 빌딩과 주변에도 쓰레기나 껌 자국 담배꽁초는 보이지 않았다. 마리나 베이션 빌딩의 화려한 야간 레이저쇼의 찬란함을 보려고 모여든 관광객들이 인산인해를 이루어도 지저분함은 없었다. 만약 우리나라 공항에서 껌을 통관시켜주지 않는다면 어떤 상황이 일어날까 친구들과 토론했던 기억이 난다. 아마 독재국가라며 거리에 데모꾼들이 야단법석을 할 것 같다.

내가 살고 있는 대학상가 거리에 아침에 나가면 온갖 쓰레기와 담배 공초들을 볼 수 있다. 껌 뱉은 자국은 물론이고 지저분하기가 말을 할 수 없다. 몇 년 전 상가 거리에 아스팔트를 걷어내고 대리석인지 벽돌 판인지 모르지만 바둑모양의 옅은 회색과 검정색을 조화시켜 말쑥하고 산뜻하게 깔았다. 얼마 지나지 않아서 옅은 회색은 얼룩과 껌 자국으로 변하였다. 나 혼자 생각인지 모르지만 아스팔트길일 때 보다 더 지저분하게 느껴져졌다. 지하철 역 거리에 꽃나무를 심어 정원처럼 꾸며 놓았지만 자세히 보면 거기를 담배 재떨이로 착각한 사람들 때문에 꽃나무들이 말라가고 있다. 구청에서도 거리조성에만 힘쓰지 사후관리에는 신경을 쓰지 않는 것 같아 안타깝다. 거리를 다니는 사람들 대부분이 학생들이고 청소년층인데 아무 곳에나 껌을 뱉고 꽁초를 버린다 생각하니 걱정스럽다.

일제 강점기에 사탕수수농장으로 끌려간 우리나라 최초의 이민 정착지인 미국 서부 캘리포니아 주 LA의 한 마을에 도산 안창호 선생님이 방문하셨다. 이민들이 거처하는 곳이 고약한 냄새를 풍기며 너무 더럽고 지저분하였다. 고성과 싸움도 끊이지 않았다. 그러니 이웃마을사람들에게 외면당하고 가난에 찌든 생활을 하고 있었다. 선생님은 그곳에서 "깨끗이 청소하자, 이웃과 서로 웃음으로 인사하자."는 스마일*smile* 운동을 벌였다. 그랬더니 마을은 하루가 다르게 깨끗하고 밝게 변해갔다. 변모해가는 마을사람들을 보고 한국에서 어떤 지도자가 왔느냐 물으며 칭찬을 아끼지 않았다. 우리 이민들에게 좋은 일자리도 마련해주었다는 글을 읽은 적 있다.

1970년대 우리나라는 새마을 운동으로 국민들의 정신을 부지런하게 일깨우고 모아서 경제를 개발하는 원동력을 삼았다. 그 결과가 우리가 잘 사는 나라의 대열에 들 수 있었다 생각 된다. 요즈음도 개발도산국들이 새마을 운동을 연구하고 배워 자기나라에 응용하는 뉴스를 간혹 볼 수 있다. 문화시민이 되려면 첫째로 청소를 깨끗이 하고 몸과 마음을 다스리며 공중도덕을 지키는 사람이어야 한다는 게 맞는 것 같다.

1980년 초에 교직을 그만두었다가 90년 초에 모 실업 여학교에 강사로 출강한 적이 있다. 점심시간이 끝나고 난 뒤 수업시간에 교실에 들어갔더니 교실 바닥이 온통 과자봉지와 종이 쓰레기로 널브러져 있어 깜짝 놀랐다. 학생들에게 깨끗하게 치우고 수업하자 했더니 대부분교실이 그렇다며 그냥 수업을 하자고 했다. 그 상태로는 지저분한 곳이 눈에 들어와 신경이 쓰여 도저히 수업할 수 없었다. 학생들을 설득하여 깨끗이 청소한 후에 수업을 하였다. 그 뒤 내가 수업에 들어가면 학생들 스스로 청소하였는지 깨끗하였다. 중등학교 현직교사로 있는 조카며느리에게 내가 경험한 이야기를 하며 요즈음 학생들 청소 잘하느냐 물었다. 그렇지 않다며 어떤 학교는 청소부가 따로 있다 하였다. 청소부자리도 일자리 창출의 일부라고 주장한다니 내 생각이 구시대 생각인지 모르겠다. 사람마다 생각과 가치관이 다르다지만 그래도 자기 주변청소는 스스로 하게 하는 교육을 학교와 가정에서 해야 맞지 않을까 생각해본다.

아무도 지원해 주지 않고 수고비 주는 이 없어도 남들이 뱉어놓은 껌 자국을 지우며 깨끗한 거리를 만들려는 사람, 그를 정신이 이상한 사람으로 잠간이나마 생각한 것이 미안하다. 외모와 의복으로 사람을 평가해서는 안 된다. 타인의 눈을 의식하지 않고 소신 것 자신이 옳다고 생각하는 일이나 봉사를 하는 사람이 한분이라도 있어 우리나라가 발전하였을 것이다. 그분은 오늘도 어디에선가 껌 자국 없는 거리 캠페인을 외롭게 부르짖고 있으리라. 그밖에 그와 비슷한 일을 묵묵히 하는 많은 분들에게 존경의 박수를 보낸다.

어른유모차 할머니

어스름 동이 트면 서둘러 아침운동을 나선다. 과자 주머니에 사탕과 초콜릿 밀감도 챙긴다.

"그 할머니 만나겠지? 오늘은 어디쯤에서 만날까."

병원 밖 넓은 주차장을 지나서 동네 어귀로 들어서면 곧바로 푸른 들판으로 이어진 산책로다. 승용차 한 대 지나갈만한 시멘트 포장로는 구불구불 이어져 아름다운 시골길을 연출한다. 오른쪽은 아카시아와 소나무 잡목들이 우거진 숲이다. 개울이 졸졸 흐르고 그 물을 끌어 모내기한 논에 물을 채운다. 길 둑을 따라 형형색색의 들꽃들이 살랑살랑 불어오는 바람에 춤을 춘다. 길 왼편으로 이제 막 모내기를 한 넓은 무논에는 벼가 파릇파릇 자라며 초여름의 아침햇살은 웃음으로 우리를 맞이한다.

상큼하고 싱그러운 기운을 받으며 한없이 펼쳐진 들판을 아픈 동생의 손을 잡고 걷는다. 걷다가 클로버 덤불을 만나면 꿈 많던 소녀 시절로 돌아가 행운의 네잎 클로버를 찾았다. 나폴레옹장군이 전쟁에서 저격당하려 할 때에 네잎 클로버가 눈에 띄어 그 잎을 주우려고 말위에서 몸을 굽히는 순간 총알이 피해갔다는 전설이 있어 네잎 클로버는 생명을 지켜주는 행운의 잎이 되었다. 동생의 병이 하루하루 치유되기를 빌면서 행운의 네잎 클로버를 찾는다. 이곳은 담배농사도 많이 지었다. 하늘을 향에 넓고 푸른 잎사귀를 달고 곧게 뻗은 깨꽃을 닮은 분홍빛깔의 꽃들이 농염한 자태를 자랑한다. 장미꽃처럼 아름다운 꽃에 가시가 있듯이 아름다운 담배꽃도 그 속에 독을 지녔을까. 담배가 기호식품이지만 많이 피우면 사람들의 몸을 헤치니.

멀리 밝은 햇살 받은 길 위로 우리처럼 아침산책 나온 이들이 보인다. 간혹 산 너머 마을로 들어가는 승용차가 지나가기도 한다. 푸른 들판 위로 이름 모를 잘생긴 큰새들이 날아다닌다.

어릴 때 친구들과 동네 뒷산에 오르면 하얀 날개를 가진 큰 새가 우리들 이야기 소리에 놀라 푸드득 소나무 위를 날며 끄윽 끄윽~ 울었다. 그 새를 우리는 황새라 불렀다.

"황새 모가지 짜르고, 내모가지 길고"를 되풀이하며 노래하듯 소리를 지르면 황새는 목을 길게 내밀며 끄윽 끄윽 답을 하듯 외쳤다. 그 모습이 재미있고 좋아 연달아 "황새 모가지 짜르고…." 를 노래하며 신나게 우쭐거렸다. 알을 품고 있었거나 새끼를 보호하다 우리들의 소란에 놀란다는 것을 몰랐다. 내가 재미있어하고 즐거우면 상대방도 함께 즐겁고 좋은 줄만 알았던 철부지 시절의 이야기를 나누며 걷는다. 지금도 그때처럼 남의 아픔과 고통을 모르고 나의 생각만 옳다고 주장하는 어리석음을 많이 범하고 있으리라.

청정한 지역이어선지 큰 날개를 가진 새, 긴 다리를 가진 목이 긴 새들이 모내기한 무논에 앉아 두런두런 이야기를 나누며 먹이를 찾는 풍경이 무척 아름답다. 지나는 사람들에게 새의 이름을 물어 보았다. 어떤 이는 백로라 하고 어떤 이는 우리처럼 황새라 하고 또 다른 사람은 학이라 하여 모두의 답이 달랐다. 정확한 새 이름은 몰라도 새들의 모습이 어린 자녀들 데리고 소풍 나온 다정한 가족처럼 멋있고 평화롭게 보였다. 멀리 은빛지붕이 반쯤 벗겨진 비닐하우스의 초록 잎사귀 사이로 샛노란 호박꽃들이 떠오르는 아침햇살을 받아 황금빛을 뿌리며 튕겨내니 눈이 부시다. 그 빛은 마음의 등불이 되고 안식처가 되어 마치 지상의 낙원에 온 듯하였다.

계속되는 산책에서 굽어진 길옆으로 나지막한 울타리를 치고 상추며 고추 고구마 옥수수 등 각종 채소를 가꾸는 부지런한 이들을 만나 아침인사도 나누게 되었다. 자주 만나는 이들과 사탕을 나누면 싱싱한 아침야채를 비닐봉지 가득 담아주는 고마운 분들도 있었다. 얻어온 싱싱한 유기농 야채는 약간 부족한 병원의 아침상이 푸짐해진다. 우리는 어설픈 동생의 걸음걸이에 희망을 불러주며 잘 치료 받고 빨리 완쾌되기를 빌어주는 마을 사람들과 정이 들었다.

"오늘은 우리가 늦었나, 그 할머니가 보이질 않네." 매일 만나는 어른유모차 할머니를 기다린다.

동생은 길옆에 하얗게 떼를 지어 피어 있는 개망초 꽃길을 스마트 폰 영상에 담느라 지팡이도 놓은 채 한참을 걸어간다. 자연은 신기한 치료이고 명약이 된다. 그 모습이 좋아 어설픈 시 한수를 지어 읊어본다.

초여름 푸른 길섶
하얀 꽃무리 하늘 향에 춤을 추니
휘날리는 치맛자락 폭마다 걸어두고
켜켜이 쌓인 긴한 삶을
사랑하는 가족들 동영상에 풀어쓰다
그 틈새 병마는 깜짝 웃고 밀려나네
영혼이 맑아지는 향기
기적이 따로 없다
명약도 따로 없다.
개망초, 자네들이 바로 명의로세

- 시 『개망초』 전문

제법 아득히 보이는 길 위로 유모차 닮은 끌기를 끌고 다박다박 부지런히 넘어오는 모습이 보인다. 차츰차츰 서로의 거리가 좁혀진다. 반갑게 맞이하는 할머니다. 할머니가 끄는 끌기이름을 알지 못하여 어른유모차라 불렀다.

"안녕하세요. 오늘은 어디까지 다녀와요?"

"예에, 오늘은 일찍 나와서 저 산 너머 동네까지 한 바퀴 돌았다

와요.”

“아이고, 잘하셨네요. 힘들지 않아요.” 인사를 나누고 사탕과 초콜릿을 드리면 무얼 매일 만날 때마다 주느냐고 미안해지만 고맙게 받아 드시는 모습이 좋다. 동생은 작은 체구를 어른유모차에 의지하여 부지런히 걸어 산 너머 동네를 다녀온다는 할머니를 무척 부러워하였다. 하루도 거르지 않고 만나는 벗이 되었다. 어느 듯 할머니와 만나는 장소를 보면서 시간을 짐작하게 되었다.

할머니는 결혼에 실패한 아들을 뒷바라지 하며 사신다하였다. 다행히 노동판에 나가 돈을 벌어오니 고맙고 새벽에 출근하기에 일찍 아침밥을 차려놓고 나오신다. 아들이 새 가정을 이루어 잘살 때까지 열심히 운동할 것이라 한다. 체구가 너무 작아 유모차 손잡이에 겨우 고개가 걸리는 쪼글쪼글한 얼굴이지만 우리와 이야기할 때면 주름진 얼굴이 환한 웃음으로 활짝 핀 들꽃처럼 아름답다. 동생은 할머니의 긍정적인 생각과 생활을 좋아했다. 매일 조금씩 반경을 넓혀가며 운동에 나서는 동생에게 할머니와의 만남은 좋은 약을 먹는 것과 흡사하다. 우연히 길 위에서 마주한 인연이지만 서로에게 도움이 되는 만남이면 좋은 만남이 아닐까.

누구나 살면서 생각지도 못한 사건들과 마주하고 눈에 보이지 않는 이름도 희귀한 병에 걸려 괴롭힘을 받을 수 있다. 나이가 들어가면서 나는 어떤 병과 싸우다 이 세상을 하직할까 두려워진다. 운명이나 신의 존재에 의존할 뿐인 나약한 인간의 한계를 새삼 깨닫는다.

동생이 조금은 어려운 진단을 받았다. 같은 병명의 진단을 받았던 분이 이곳에서 치료를 받고 병세가 좋아졌다는 이야기를 듣고 멀리 강원도 원주까지 왔다. 병원에 온다는 생각만 가지고 왔는데 이렇게 이름다운 시골 경관이 우리를 반길 줄 몰랐다. 도시에서 맛보지 못한 짜릿하고 넉넉한 인정과 여유가 치료에 많은 도움이 될 것 같다. 한 부모 밑에 태어난 자매지만 결혼하여 각각 다른 가정을 이루어 사느라 많은 정 나누지 못하고 살았다. 이제 인생의 황혼기에 접어든 우리는 약 한 달 쯤 치료를 핑계 삼아 모처럼 서로를 배려하며 따끈따끈한 정을 나누려 애쓴다. 아프지 않았을 때에 좋은 시간을 가졌으며 더욱 좋았을 것을 후회하며 열심히 운동하고 치료하는 동생이 보기에 안쓰럽다. 하루하루 나아져서 함께하는 이 시간들이 헛되지 않았으면 하는 간절한 소망을 해본다.

할머니는 오늘도 아들의 뒷바라지를 위하여 혼신을 다하며 어른유모차를 의지하여 걷고 또 걸을 것이다. 자식을 생각하는 엄마의 걸음이고 모든 부모의 마음이며 기도이고 희망인 인 것을 아들이 알아주지 않아도 영원히 세상을 밝혀 주는 걸음이 되리라. 빨간 모자가 어른유모차에 매달리듯 열심히 걷는 그분의 모습이 힘이 되고 가르침이 되어 눈에 아른거린다.

가족

가족의 힘은 얼마 만큼일까. 생활이 힘겹고 고단하여 포기하고 싶은 순간마다 가족이 있어 견딜 수 있다. 가족은 누구에게나 에너지이고 삶 그 자체다. 이제 황혼의 들녘에 서서 가족의 의미를 생각해 본다.

아흔 넘은 어머니는 아버지와 일흔 두해를 사시다 이별하셨다. 아버지의 두 번째 기일을 며칠 앞두고 남동생에게 용돈을 가져오라 부탁하셨다.

"엄마, 어디 쓰려고."

"니 아버지 제사상에 놓으려고"

"우리들이 알아서 할텐데 무어가 모자랄까 걱정되요?"

"아이다. 니 어버지 얼매나 돈 좋아 했노, 아무리 오지 않고 가져가지 않아도 돈 좀 놓을란다."

연세 들어서 자식들에게 모두 내어주고 당신들 재량 안에서 사느라 힘드셨나보다. 어머니께서 종종 노인이 용돈을 너무 많이 쓴다고 하시더니 그게 마음에 걸리셨는가. 사실 노인들에게 돈이 뭐 그렇게 많이 필요할까 별로 쓸 일도 없을 텐데. 나이 들어보니 노인도 돈이 필요하고 쓸 때가 많다는 것을 알게 되었다. 우리자녀들도 나이든 사람은 돈 쓸 때 가 많지 않으리라 여길 것이다. 그래서 사람들은 나이만큼 이해하고 철이 든다는 말이 맞는 것 같다.

자식들이 장성하면 마음에 있는 서운한 말을 함부로 할 수 없어 가려서 하고 눈치를 많이 살피게 된다. 부부끼리도 형편을 살펴가며 말을 하지만 그래도 마음에 있는 불평불만을 쏟아 낼 수 있다. 편안하게 마음을 나눌 수 있는 진정한 의미의 가족은 부부 같다. 지난 세월을 되돌아보면 남편에게 보다 자식들에게 쏟은 정성이 더 많았다. 좋은 음식과 물건이 있으면 남편보다 자식에게 주고 싶어 했다. 가정의 모든 1번은 겉으로는 가장이지만 사실은 자식들이 먼저였다. 그것이 세상을 이어가는 뿌리가 되는 내리사랑이고 그 사랑이 있어 가정을 지탱하여 왔으리라.

자녀들이 결혼하여 가정을 이루면 그들만의 새 가족을 가진다. 가족의 핵을 부부라 생각하면 결혼한 자식들은 진정한 의미의 가족보다 넓은 의미의 가족이 된다. 함께 할 때에는 몰랐지만 남편이 떠나고 성장한 자식들 모두 집을 떠나서 자기들 생활을 하고 있으니 우리가정엔 나 혼자 뿐이다. 정말 고아가 된 듯 허전하고 적막하다. 독거노인이 따로 있는 게 아니었다. 부부 중 한명이 떠나면 바로 독거노인이 된다는 것을 미처 몰랐을 뿐이다.

우리를 사이좋은 부부라 했지만 살면서 맞지 않는 때도 많이 있었다. 혼자가 되고나서 함께 있을 때 느끼지 못한 아쉬움과 그리움에 외톨이가 된 것을 느낄 수 있었다. 친구들에게 언젠가 이별의 날이 올 것이니 이별하기 전에 서로 위하면서 후회하지 않도록 재미있게 살 것을 당부한다. 그래도 그들은 남편이 미울 때가 많다고 한다. 서로가 받으려는 욕심이 많기 때문일 것이니 내려놓으면 사랑이 주어질 것 같은데. 모두가 갖추어져 있을 때는 부족함과 좋은 것이 어떤 것인지 가족이 얼마나 소중한지 모르는 게 우리네 인생인가보다.

사회가 핵가족화 되고 일인가구도 무척 늘었다고 언론에서 발표하였다. 나이 들어 자녀들을 분가시키고 홀로 사는 노인가구도 많지만 젊은 층이 결혼하지 않고 혼자 사는 단독가구도 차츰 증가세를 보이고 있다. 단독가구에 맞는 가전제품과 주방용품 심지어 먹거리마저 소량으로 판매하고 있다니 가정과 가족의 의미도 보통 사람들이 생각하는 것과 다르게 변천해가는 것일까.

답장 없는 편지

대형사고 안경고장 / 비만이 고민인 영국 / 아버님 영전에
답장 없는 편지 / 숟가락의 노래 / 일응도에 새긴 아버지의 사랑
로션 한 병이 아까웠던 시절 / 이뿐이와 할망구 / 헌 신발

대형사고 안경고장

지인들이 영국은 물가가 비싸고 전통을 중시하는 나라라 하였다.

비행기 안에서 실수로 안경이 떨어져 한쪽 알이 빠졌다. 그저 알이 빠졌거니 생각하고 주물럭거렸더니 다행히 바로 끼어져 그대로 착용했다.

시차적응으로 며칠 쉬고 안경을 끼니 태 앞이 조금 까끌까끌하여 애들에게 보였다. 알 한쪽 부분이 조금 깨어졌다 한다. 구입한지 몇 년 지났지만 가볍고 편하다. 색깔이 짙지 않아 선글라스 겸해서 평상시에 끼어도 별 부담이 없어 외출할 때 자주 애용했다.

맑은 날이면 햇빛이 너무 강하여 선글라스 착용은 거의 필수품이다. 안경을 쓰는 사람이 많으니 '우리와 비슷하겠지 비싸면 얼마나 더할까' 하고 사위와 함께 근처 안경점에 가서 시력 측정과 알을 바꾸겠다는 예약을 했다. 영국은 예약제라 무엇이든 바로 처리되는 것은 하나도 없다. 모든 일의 처리는 사전에 예약을 하고 그 다음에 이루어져 예약을 하지 않으면 두세 번 방문해야 한다.

저녁을 먹으면서 딸에게 이야기를 했더니 가격을 물었다. 묻지 않았다 했더니 엄청 비쌀 것이란다. 인터넷으로 가격조사를 해보더니 한국 돈으로 40만원에서 50만원 넘게 달라 할 것이라 했다. “엄마, 여기서는 안경이 부서지면 대형사고 났다.”한다 말했다. 우리나라에선 4~5만원이면 충분한데… 여기도 사람 사는 세상이니 비싸야 돈 십 만원이면 되겠지…

이튿날 딸하고 예약시간에 맞추어 갔더니 나처럼 보험 혜택을 받을 수 없는 외국인은 시력 검사비만 28파운드 우리 돈 약 6만원이다. 안경을 만지고 들여다보고 어디다 전화를 걸고 하더니 고개를 갸웃 거린다. 알의 색깔과 크기 모양 모두에 각각 값이 다르게 매겨졌다. 여기서는 못하고 다른 곳에 의뢰를 한다며 계산한 금액이 대략 217파운드 (한화 약 44만원) 그보다 더 비쌀 수 있단다. 입이 딱 벌어졌다. 완성되기까지 기간도 2주 내지 3주 기다려야 한다. 안경 알 갈아 끼는데 적게 계산해도 약 50만원이다. 할 수 없어 그만두기로 했다. 조금 더하면 한국까지 편도 비행기 삯이니…

이곳은 일반 서민들의 생필품 가격과 식재료, 육류, 야채 값은 싸다. 외국인 이 자주 먹는 채소와 배추 무우는 가격도 높지만 무우는 뉴 몰던 한인 타운에서 구할 수 있고 이곳엔 아예 없다. 보험혜택을 받지 못하는 병원비와 수공예품이나 전자제품 등에 인건비가 추가되면 우리가 생각하는 상식을 훨씬 뛰어넘는 비싼 가격이다.

우리나라가 모든 면에서 살기 좋은 곳이다. 우리 집, 우리 고향,

우리나라가 그립고 꼭 지켜나가야만 할 곳이며 외국에 오면 저절로 애국자가 된다. 정말 영국에서 안경이 고장 나면 대형사고 났다고 한다는 말이 실감났다.

비만이 고민인 영국

영국생활에서 우리 식사는 밥, 국, 나물, 김치, 멸치볶음 등 한국에서 평소에 먹는 음식이다. 식재료를 구입하려면 우리교민들이 많이 사는 뉴몰던까지 먼 거리를 차로 가야하기에 힘들었다. 항상 우리음식이 그리웠다.

출근하는 사위는 빵과 커피 생과일 쥬우스가 아침식사다. 초등학교에 다니는 손자는 점심급식을 하지만 식성에 맞지 않는다며 샌드위치와 우유, 과자를 가져간다. 우리가 서양 사람들에게서 풍기는 독특한 음식 노린내를 싫어하듯이 이곳 사람들 역시 우리 음식에서 나는 마늘 냄새를 꺼려하기 때문에 딸도 언어 학교 수업이 있는 날이면 빵과 우유 과일을 먹고 간다.

초등학교 학생들은 등하교시간에 보호자들이 꼭 동행해야 한다. 15세 이하의 어린이는 집에 혼자 두고 다녀도 법에 저촉되며 경찰에 신고 되어 벌금을 물어야 된다. 어린이 성범죄가 없는 나라라고 하지만 중학생이 되면서 모든 보호에서 벗어나 갑자기 자유로워지기 때문에 문제를 많이 일으킨다. 저녁이 되면 거리에 몰려다니는 청소년들이 무서워 외출을 삼간할 정도다. 공립학교는 학비가 들지 않지만 사립학교는 학비가 아주 비싸고 사교육비가 엄청나다하니 정말 교육에는 정답이 없는 것 같다.

1학년인 손자를 출근하는 사위가 데려다 주고 하교 시에는 딸과 내가 번갈아가며 데리러 간다. 매일 수업 마칠 때쯤이면 교실 앞 작은 운동장은 자연스레 학부모들의 사교장이 되었다. 서로 반갑게 인사하며 이야기를 나누는 모습이 아주 좋게 보였다. 학교에 출입하는 것이 일상생활이므로 의복도 평상복 그대로 입고 담임선생님과 자연스럽게 상담을 나누니 전혀 부담을 느끼지 않는다. 우리나라 학부모들과 다르게 편안해 보였다. 그렇지만 학부모 거의 대부분이 비만이라 놀라 입이 다물어 지지 않았다. 초등학교여서 학부모들이 젊은 편인데 뚱뚱해도 그냥 뚱뚱하지 않다. 적어도 100kg은 훨씬 넘게 보이는 분들도 많았다. 내가 보기엔 병자 수준이다. 우리나라의 비만수준과는 확연히 다르다. 뒤뚱뒤뚱 오리걸음으로 육중한 몸을 흔들며 바쁘게 학교로 향하는 학부모들을 보면 웃음이 절로 난다. 가지각색의 꽃을 피운 아름드리 가로수와 푸른 초원길을 유모차를 끌며 환하게 웃으며 만나는 사람에게 "헬로우"하며 반갑게 인사도 나눈다. 내가 보기에 비만에 별로 신경을 쓰지 않는 것처럼 보였다.

TV방송을 잘 알아들을 수 없으니 자연히 요리 채널을 많이 시청

하였다. 요리하는 대부분의 음식에 버터 올리브유 설탕 생크림을 듬뿍듬뿍 넣는다. 비만과 성인병을 전혀 생각하지 않고 하는 요리로 보였다.

초등학생들은 금발머리에 하얀 얼굴이 인형처럼 예쁘고 날씬하다. 성장하여 결혼하면서 이상하게 뚱뚱이로 변모한단다. 이곳을 기준하여 보면 우리나라 사람들은 다이어트 할 사람이 한 명도 없을 것 같다. 딸은 영국의 식단이 문제라 했다.

대형 마트에 가면 소시이지와 육류 유제품 감자 칩(튀긴 것) 쵸크랫 과자 등 가공식품으로 가득 채워져 있다. 그야말로 가공 식품의 천국이다. 인건비가 비싸며 대부분이 맞벌이 부부라 전자레인지에서 간편하게 조리되는 식품을 선호한다. 값도 저렴하니 일반 서민들의 비만도가 높은 게 당연하다. 교육수준과 경제수준이 낮을수록 비만이 많고 경제와 교육수준이 높을수록 비만도가 낮다. 그러니 영국 정부 최고의 고민은 서민들의 비만이라 했다. 마트에 딸린 간이식당에서 먹어본 점심은 스프, 빵, 감자 칩 ,청량음료 등 즉석요리이고 맛도 없었다. 그들이 즐겨 먹는 퓌씨 앤드 칩*fish and chip*이 서민들의 대표음식이다. 거리에서 퓌씨 앤 칩 식당을 흔하게 볼 수 있다. 맛있어 보이고 대표음식이라니 먹어보고 싶었다. 딸이 맛없다 말렸지만 먹어 보았다. 튀긴 생선이 왜 그리 맛이 없는지 이해되지 않았다. 유럽에서 영국 음식이 제일 맛없다는 말을 들을만하다 느꼈다.

일요일에 영국 전통 점심을 먹어보기로 했다. 전에 사위가 매니저 초대로 식사한 곳을 찾아갔다. 예쁜 정원에 야외식당이 있는 식당으로 이름이 레드 라이온이었다. 런던 같은 대도시를 제외한 대부분의 식당은 주차장과 아름다운 야외식당을 갖추고 있다.

비가 내려 야외에 앉을 수 없어 건물 안으로 들어갔다. 크게 넓지 않아도 오밀조밀 꾸며진 실내장식이 편안한 분위기였다. 예약좌석이 정해져 있고 가족인 듯 보이는 여러 팀이 식사를 하고 있었다. 빈자리는 두 곳 뿐이다. 겉으로 보기에 너무 조용하여 손님이 우리 뿐인줄 알았지만 비 내리는 주말에도 가족들과 외식을 즐기며 보내는 관습을 엿볼 수 있있다. 예약하지 않았기에 음식이 나오기까지 제법 긴 시간을 기다려야 했다.

일요일 특선 메뉴(우리말로) 정식 3코스를 시켰다.

첫 코스: 슈프, 음료다.

메인 코스: 정식 메뉴로 해물 요리, 육류(쇠고기, 양고기, 닭, 돼지고기)요리에 감자 칩과 야채 샐러드 등

마지막 코스: 푸딩(디저트를 모두 푸딩이라함)

정식 코스 모두 시키지 않아도 되지만 영국 정식 요리를 맛보려고 3코스 모두 시켰다. 매인 코스는 양이 많다며 비프정식과 해물 샐러드정식 이인 분을 주문하였다. 커다란 접시에 나온 음식의 양이 너무 많아 일인분을 둘이 먹어도 남을 양이다. 이곳 사람들이 왜 비만인지 알만하다. 체구도 크지만 한 끼에 많은 양의 식사를 하고 거기다 푸딩인 달콤한 아이스크림 과자 잼 같은 것을 곁들여 먹으니 어찌 살이 안찌고 견디겠는가…

식사시간이 보통 두 시간이다. 들어갈 때 식사하던 분들이 우리

가 식사를 끝내도 즐겁게 이야기 나누며 먹고 있다. 가장 늦게 들어가서 제일 먼저 자리를 비우고 나오려니 어색했지만 우리는 우리식대로 하자며 나왔다.

사람이 살아가는데 가장 중요한 것이 의식주衣食住다. 그중에서 먹지를 못하면 생명을 잃게 되니 제일 중요한 부분이 식食 즉 음식문화라 할 수 있다. 식사시간을 중요시하며 느긋하고 편안하게 식사하는 여기 사람들의 문화생활이 맞는 것 같았다. 그래도 너무 푸짐하게 많이 먹는 식사량은 비만이라는 문제도 일으키니 생각해 볼 일이다. 일본 중국 요리는 식재료와 함께 TV 요리에서 제법 많이 소개 하였다. 우리나라 요리는 전혀 소개되지 않는다. 영국에서 대한민국은 먼 나라다. 우리나라 음식을 이곳의 입맛에 맞게 퓨전요리로 방송하면 가장 좋은 다이어트 음식으로 인기가 높을 것 같았다. 영국정부의 고민인 비만 해결에도 엄청 도움이 되고 우리음식을 널리 알릴 수 있으며 돈도 많이 벌 수 있을 것 같은 생각이 들었다. 나만의 공상일까….

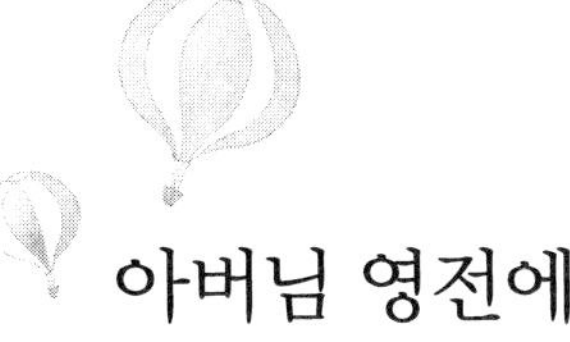

아버님 영전에

유세차 무자 정월 정축 삭 오일 신사 제일 維歲次戊子正月丁丑朔初五日辛巳祭日을 맞이하여 맏 사위 우정은 장인 어르신 생전의 삶을 되새기며 몇 자 글로써 슬픔을 告하고자 합니다.

경상남도 양산 남락 부락에서 아버지 朴자 景경자 祿록자 어머니 구복순具福順 여사의 삼남 일녀의 둘째아들로 壬子년 일월7일(1912년)에 출생하시어 일찍이 아버지를 여의시고 홀 어머님의 억척같은 생활력과 사랑으로 양산 보통학교를 졸업하시었습니다.

장인어른이 학교생활을 하실 무렵에 우리나라는 일제 치하에서 모든 것을 일본에게 수탈당하여 조선 백성들이 모두 도탄에 빠져 살던 시절이라 그 고초가 오직하였겠습니까?

밤낮으로 곳곳에선 화적떼가 들끓어 날뛰었고, 거기에 맞서신 아버지의 강직하신 성격으로 화적떼가 세 번이나 집을 불 질러 태워 버렸으니, 가세는 기울고 아버지마저 돌아가시니 홀어머니 모신 사 남매의 생활이 비참하고 곤란함은 말로써 어찌 표현할 수 있었겠습니까?

그때 장인어른의 생활지표는 오직 돈을 벌어 기울어진 가세를 일으켜 세우고 어머니와 형제들 잘 살게 하는 것이었습니다. 그래야 그 어려운 생활환경에서도 남의 머슴살이로 보내 세경 받는 걸 마다하고 보통학교에 보내주신 어머니께 보답하는 길이라 여겼습니다.

보통학교를 졸업한 어린 몸으로 현해탄을 건너 시모노세끼 항구를 거처 규수로 가서 어느 노동판에 일자리를 구하였습니다. 그러나 밤이면 밤마다 일을 마친 조선청년들이 술자리와 도박판을 벌려 싸우는 것을 보고 내가 있을 자리가 아니라 깨닫고 미련 없이 그곳을 떠났습니다. 다시 고향 학교 선배의 도움을 받아 규슈의 한 농장에 정착하셨습니다. 거기서 고국에 두고 온 어머님과 형제자매의 삶을 윤택하게 하리라는 일념으로 부지런히 원예기술을 배웠습니다. 그러나 열 몇 살의 어린 나이로 고국을 떠난 타국에서 보고 싶은 어머니와 형제들, 고향 산천을 그리며 흐르는 눈물을 이를 앙다물며 참아내어 농장주의 인정도 받았습니다. 농장 주인은 착실한 조선청년을 그 곳에 정착하길 바랐으나 마다하고 마침내 그리운 형제자매 곁으로 돌아 오셨습니다.

그리고 형제들과 힘을 합쳐 밤낮을 가리지 않고 가산을 일으키는 데 몰두하셨습니다. 그렇다보니 어머니로부터 장가가지 않는다는 핀잔도 많이 들었다 하십니다. 그 당시로는 늦은 노총각의 나이로 스무 다섯 살에 양산 금산 마을의 얌전한 연안 李씨 가문의 이李자, 전숲자 규수와 결혼하셨습니다.

장모님의 말씀에 시집을 오니 생활이 너무 가난하여 변변한 그릇은 물론 솥조차 없었답니다. 시집 온 날 부뚜막에 걸려있던 솥을 삼일만에 주인이 가져 가버렸으니….

하루 종일 허리 한번 못 편 채 일하다 보니 아버님이 작은 자루 하나를 들고 나가시기에 무엇 하러 가나 했는데, 쌀 한 되를 사 오셔서 저녁을 지으라고 하셨다니 그 당시 어려웠던 생활이 짐작 됩니다.

그런 생활 속에서도 부지런하신 장인어른의 모습은 장모님에게 믿음직하였답니다. 일본에서 배워 오신 새로운 원예기술로 손발이 부르트는 줄 모르고 밤과 낮의 시간도 잊으신 채 일구어내신 장인 어른의 노력은 정말 우리들의 귀감이 됩니다.

칠남매 모두 고등교육을 시키시고 형제자매 남부럽지 않은 삶을 살 터전을 마련하고 일가 인척들까지 생활의 터전을 잡는데 도움을 베푸신 장인어른은 진정 대인이었습니다.

장인께서는 “내일 하늘이 무너지고 지구가 멸망한다 하여도 한 그루의 푸른 나무를 심는 정신”을 가진 어르신이었습니다. 그런 정신으로 남에게 피해 주는 일 없으시고 남의 도움을 받기보다 베푸시는 삶을 살아오신 모습을 우리 가슴에 새기겠습니다.

오늘 49제 마지막 제일을 맞아 장인어른께서 사랑하시던 장모님과 칠남매(시형, 형규, 형근, 선자, 선임, 선옥) 며느리 사위 손자 손녀 모두가 맏손자 재영이 집에 모였습니다. 항상 사랑하시던 큰집 장손 주곤이 처남도, 작은 집 정찬이 처남도 왔습니다. 조카들과 조카사위들도 참석했습니다. 남들은 쉬운 말로 백수에 가깝게 사시다 가셨으니 호상이라 하지만 연세가 있으시니 언젠가 이별하리라 생각은 있었지만 홀연히 떠나보낸 우리는 청천벽력입니다. 이제 어디 가서 장인어른의 환하신 모습을 뵈올 수 있겠습니까! 장모님께서는 아무리 먼 곳에 계셔도 있는 곳만 알면 찾아가서 생전에 소홀히 하셨던 일 사과하려 합니다. 평소 자식 된 도리를 못한 일 용서하시옵소서.

오호 통재라!~~~

장인어른의 거칠어진 손으로 닦으신 그 은혜를 밑천은 칠남매와 손자 손녀 외손자 외손녀 모두 사회의 훌륭한 일꾼으로 자랐습니다. 홀로 남으신 장모님 모두가 받들어 편안히 모시겠습니다. 아무아무 걱정 마시고 훨훨 극락세계에 안착하시옵소서.

부모님과 형님과 동생 분도 반갑게 만나시옵소서.

과묵한 성격이라 늘 먼저 보내 가슴에 묻어두셨던 큰 처남 형중, 사랑하고 아끼던 만곤이 조카 모두 만나시어 해포를 푸시고 이승에서 못다 하신 능력을 발휘하셔서 저승에서도 대인으로 편안하게 사시옵소서.

장인어른과의 이승에서의 만남은 정말 좋은 부모의 인연이었고 행복이었습니다. 다음 생애에서도 훌륭하신 부모님의 인연으로 만나고 싶습니다.

다시 뵙고 싶은 장인어른! 편안히 극락세계에 안주하시옵소서.

여기 모인 가족들이 향 사르며 기원합니다.

맏사위 김서방이 올립니다.

답장 없는 편지

戊子무자년 양력 10월 24일 18시 50분, 홀연히 이승을 떠난 당신을 그리며 지난 세월 함께한 40여년 발자취 뒤돌아봅니다. 생각하면 할수록 하루 밤 꿈속을 여행하고 온 것 같군요. 스쳐가는 바람처럼 잡을 수 없는 그리움이 아침 반짝 빛나다 사라지는 이슬로 가슴을 때립니다.

우리는 근대사에 아주 어려운 시대로 표현되는 1960년대 초에 부산에서 서울로 유학하며 대학생활을 보낸 이들이지요. 서로 자라온 환경, 성격, 관점이 확실히 다른 사람이었고요. 충분히 사귀어 볼 시간 없이 두 집안 어른들의 중매로 만나 스무 이틀 만에 무엇에 홀린 듯 결혼하였으니 삐꺼덕 삐꺼덕 소리도 많이 내며 걸었습니다. 하지만 이제 생각해보니 정말 좋은 인연이었나 봅니다.

소중한 보배 큰딸 경애, 당신이 애칭으로 '미라'라 불렀죠. 그리고 둘째 은주를 낳고 생활이 안정 되어 여름휴가 때는 여행도 떠났습니다.

어느 해 여름 설악산 여행에서 당신이 흔들바위 옆 사찰에 그 당시 제법 우리에게는 거금을 불전으로 놓고 "미라 엄마, 내가 아들 점지해 달라 절했다." 하여 정신이 번쩍 들었습니다.

아, 이이가 말하진 않아도 아들 출산을 무척 기다리는구나. 사실 나도 명절 차례에 남자 조카들만 조상님께 절하며 잔 올려 항상 서운했습니다.

시아버님을 비롯하여 집안 어른들이 안락서원 원장, 향교 전교를 동래 고을에서는 제일 많이 배출하신 유교 집안이니 남아선호男兒選好 사상은 더욱 심하였어요. 속내 들어내지 않아도 설 팔월 명절 옷을 고를 때마다 남자 아이 옷 예쁘게 보여 사고 싶었습니다. 그러다 둘째와 여섯 해 터울로 아들을 얻어 정말 기뻤습니다. 일가친척 지인 모든 분들이 축하해 주어 세상에 부러울 게 없었지요. 그날 당신도 얼마나 좋았던지 아주머니에게 라면 끓여 먹을 테니 빨리 미역국 가지고 병원 가라 하셨다면서요. 아주머니가 우리와 함께 삼년 넘게 살았지만 당신 손수 라면을 끓여 드시겠다는 말 처음 들었다면서 좋아했어요.

몇 년 뒤 당신은 아들 보내주신 것에 만족하지 않고 재물까지 쥐려고 직장 그만 두고 사업을 시작했어요. '사업事業'하면 큰돈 쉽게 벌 수 있을 것이란 기대가 얼마나 무모한 것인지 바로 우린 알 수 있었지요.

그때부터 우리 가족은 경제적인 고통이 생활에 얼마나 큰 비중을 차지하는 지 배우기 시작했습니다. 아이들에게 사업이 얼마나 힘든 것인지도 깨닫게 했어요. 사업해서 성공한 사람은 지혜와 노력과 인내가 몹시 필요하다는 것도….

그런 시련의 세월이 있었기에 아이들은 더욱 열심히 공부하였고 스스로 일어서는 강인한 사람으로 자란 것 같아 한편으론 전화위복轉禍爲福인 것 같기도 합니다. 한참 공부할 때 필요한 좋은 환경을 만들어주지 못했으니 얼마나 힘들었을까 생각하면 미안하지만….

우리 두 사람 생애에서 가장 좋아야 할 시절을 가장 험난한 세월로 아이들에게도 시련의 세월로 중년은 훌쩍 넘어갔어요. 시간 흐르고 고난도 넘겨 좋은 일만 있을 줄 알았더니 당신에게 무서운 병마가 쏟아져 사랑하는 우리 가족에게 경제적 설움보다 더 큰 슬픔을 안겨 주고 떠나시다니….

21세기 첨단 의학으로도 완치가 불가능한 암癌 그 병을 당신이 앓을 줄 어찌 짐작인들 했겠어요. 가까운 분들이 암으로 돌아가셔도 우리 가족에게 그 병의 고통이 올 줄 진정 몰랐습니다. 세브란스병원에서 수술 받고 잘 이겨내며 봉사활동도 활발하게 하여 더욱 잊고 지냈습니다.

이제 당신을 보내고 무엇이 어디에서부터 뒤틀리었을까 뒤돌아봐도 멍하니 아무 생각이 나지 않네요. 너무 많은 사연이 엉켜 풀리지 않나요?

떠나보내야 하는 줄 알고 떠나간 뒤 후회하지 않으려 우리 둘은 무언無言의 약속이라도 한 것처럼 서로 잘해주려 노력했지요. 당신이 모질게 아픈 고통 속에서도 짜증내지 않고 참으려 애태우는 모습 정말 안타까웠습니다. 어찌해 줄 수 없는 우리의 마음 헤아리는 것 같아 가슴 저리고 아팠습니다.

막내이면서 장남 당신 사랑하는 아들 민수, 약사 시험 합격하고 항상 자랑스러워하던 둘째 의학 박사 은주, 미국서 돌아와 모교 교수되고, 든든한 맏사위 원자핵 박사 윤 서방, 살림 밑천 맏딸 경애, 외손자 도현이 눈에 밟히어 어떻게 뒤로하고 떠나셨나요.

당신은 나보다 훨씬 인정 많고 자상한 아버지였죠. 둘째 사위와 며느리 맞이하여 사랑하는 일가친척 모셔 놓고 칠순잔치 열어 푸짐한 식사 대접하는 게 소원이었던 사람, 평소 당신은 매사에 긍정적이라 뼈아프게 걱정하는 사람 아니었죠. 어쩌다 손해 보는 일을 당하여도 집요하게 따져 가려내지 못하는 것이 단점이면서 장점이었소. 그런 사람이 어찌 무서운 병이 들어 이기지 못하는 걸까? 암은 극도로 심한 스트레스가 쌓이고 쌓여 응어리로 뭉쳐 발병한다던데 겉으로 가족들 걱정할까 안으로 속 썩인 걸 모르고 원망했던 잘못을 당신 떠난 지금 헤아려 보고 후회합니다.

의사선생님에게 당신과 헤어져야 한다는 사실 듣고 삶의 희망이 손톱만큼도 없는 당신을 지켜보면서 하루하루 신의 명령으로, 아니 생로병사의 진리 앞에 인간의 나약함 절실히 느꼈습니다.

돌아가시기 며칠 전 부었던 살이 소옥 빠져 가벼운 나비가 된 당신은 파리한 손을 만지면서 "미라엄마, 난 이제 갈 때가 다 되었나 보다 두렵고 무섭다." 하였을 때 당신에게 눈물 보이지 않으려 입술

깨물며 두 손 잡고 "미라 아빠, 당신만 아니라 우리 모두 언젠가 떠날 수밖에 없는 걸 당신이 조금 빨리 간다는 것뿐이지…" 위로하며 잡았던 손 놓고 돌아서서 아무 것도 할 수 없는 내가 정말 미웠습니다. 그 때 꼭 껴안아 주지 못한 일 진정으로 후회합니다. 지금 당신 보내고 나니 그 순간보다 더 큰 슬픔이 밀려오는 걸 어찌하면 좋을까요. 당신하고 살면서 내가 미안하다는 말 사랑한다는 말 자존심 너무 높아 못했던 걸 용서하세요. 아집 강한 나와 살면서 고생 무척 많이 했어요. 미안합니다. 진심으로 미안합니다. 이제야 당신이 있어 빛났던 소중한 자리 고마움을 깨달으니 가슴 미어지는 그리움 새깁니다. 나는 정말 바보 멍텅구리이었습니다.

부디 극락왕생 하여 이승에서 못다 한 하고 싶었던 모든 일하시며 마음껏 베풀고 살아요. 당신하고 함께한 세월 추억하며 살다 갈게요.

이승에서 당신의 아내가 올립니다.

뒷말: 지구상의 수많은 사람 가운데 부부라는 인연 맺는 게 얼마나 소중한지 입으로 말하긴 쉽지만 사는 동안 공기와 물처럼 항상 함께 하여 모르고 살지요. 우리 언젠가 모두 헤어져야 한다는 것을 알면서 가까운 사람들 떠나는 걸 보면서도 절실히 느끼지 못함이 인간의 어리석음일까요. 모든 사람 헤어져도 자기는 그렇지 않을 것처럼. 살아있는 동안 후회 없는 정 나누며 행복하게 사세요. 부부가 건강하게 오래 함께 산다는 것이 진정 행복이라 새기며… .

숟가락의 노래

연일 늦여름 폭염과 열대야가 기성을 부린다. 조그마한 일에도 짜증이 날 지경이다. 외출에서 돌아오는 길에 남편이 대형 할인 마트 홈플러스에 들러 가잔다. 며칠 전 사온 양말 한 켤레가 불량품이라 교환하자면서. 더운 날 목적지 중간 역에 내리는 것도 귀찮지만 대형 할인 마트 이용은 특별히 구입할 것이 없으면 안가기로 했다.

사람의 마음이란 요사스럽다. 대형 할인 마트에 가면 넓은 매장과 화려한 조명에 풍성하게 진열된 물건들이 가득하여 갑자기 부자가 되어 버린다. 당장 필요한 물건이 아니어도 싸다는 핑계로 또는 덤으로 하나씩 더 주는 유혹에 빠져 많이 사게 되고 목돈을 지불한다. 막상 집에 가져와 보면 바로 쓸 수 있는 물건은 몇 가지 없고 대부분 오랜 기간 묵혀 두어 낭비라 생각해 삼가고 있다. 식구가 적으니 동네 가게에서 조금은 비싼 느낌 들어도 필요한 만큼 사서 쓰니 편하고 경제적이다.

매장 안으로 들어간 남편이 무슨 중요한 것이라도 발견한 것처럼 빨리 오라 손짓한다. 양말 교환을 끝내고 아주 즐거운 표정을 지으며 숟가락 진열장 앞에 서 있었다.

크게 자리 잡은 숟가락 매장에는 예쁘게 포장된 숟가락들이 다양한 디자인을 하고 손님을 기다리고 있었다. 그중 손잡이에 푸른색으로 수복壽福이라 새겨 둥글게 띠를 두른 은빛 수저와 금빛 도는 숟가락 입에 복福자를 새기고 손잡이에도 수복자를 새긴 수저 두 벌을 사자하였다. 특색 있게 디자인한 열 벌 자리까지 사려는 욕심을 비쳤다.

'매일 먹는 멀쩡한 숟가락을 두고 왜 이걸 사야 하느냐'며 거절했더니, 지금 쓰는 숟가락을 너무 오래 사용하였으니 식탁 분위기 바꾸어보자며 설득한다. 평소 남편은 예쁘게 꾸미고 새로운 물건 사들이는 걸 좋아해서 낭비벽 있다며 여자인 내가 사치해야 하는데 반대라며 면박주기도 한 터이다. 생각해보니 새 수저 사서 밥상 분위기 바꾸어 보는 것도 괜찮을 것 같고 우리부부를 우선으로 물건을 구입한 기억이 아득하여 못 이기는 척 사왔다.

저녁 식탁에 사온 새 수저를 수저 받침대에 놓으니 맛있는 반찬 한 접시 더 차린 듯 가득하고 흐뭇하였다. 값비싼 물건은 아니지만 가슴에 싸한 행복 바람이 일렁이었다.

요즈음 신부들은 신혼살림살이를 준비하여 시작하는 집이 많다. 우리가 결혼할 때는 살림살이 준비할 줄 몰랐다. 분가해서 살림 날 때에 밥그릇 두 벌에 수저 두벌과 냄비가 전부였고 밥솥이 없었다.

남편의 박봉을 쪼개어 조그만 알미늄 밥솥을 구입하고 얼마나 좋아했던지… 매일 정갈히 닦고 소중히 쓰며 행복했던 기억이 새롭다. 반짝반짝 윤나는 알미늄 밥솥이 손에 잡힐 듯 아른거린다.

행복이란 큰 것에 있는 것 보다 아주 작은 일에서 느낀다. 식탁 위의 수저 한 벌에서 고마운 미소를 지을 수 있고, 따뜻한 말 한마디에 기운이 솟는 줄 알지만 실천은 어렵다. 가까운 이웃 사랑에 감사하며 조그만 일도 소중하게 여기며 감당할 수 없는 큰 사랑을 바라는 욕심에 눈멀지 말아야지 다짐한다.

행복을 가져다 줄 파랑새 찾아 먼 곳을 돌아 집에 오니 파랑새는 집안에 있었다는 이야기는 큰 행복 작은 행복 모두 같으며 내 곁 가까운 곳에 있다는 말일테다. 우리는 스스로 감당할 수 없는 사랑과 용서를 원하고 자신이 타인에게 베푼 것보다 더 많은 것을 바란다. 사회생활에서도 자기 능력 보다 과분한 직위를 가지려는 욕심 때문에 불행을 자초할 것이다. 요사이 뉴스에 등장하는 가짜 석사, 박사 파문 모두가 터무니없는 욕망에서 비롯된 것이리라.

작은 일에 만족하고 감사하며 살아가야지…

오래된 물건 쓰면서 절약하는 생활도 좋지만 가끔은 분수에 맞게 새로운 것으로 생활에 활력소를 더하는 것도 좋으리라. 긴 시간 살아오면서 우리 부부를 위하여 처음으로 할애한 숟가락이 값비싼 명품이 아니어도 밥상에 놓일 때마다 행복한 노래를 불러준다.

일웅도에 새긴 아버지의 사랑

외출에서 돌아오니 동생이 밭에서 갓 따 온 호박 한 덩이를 식탁에 두고 갔다. 잘 익은 누런 덩이도 아니고 그렇다고 푸른 애호박도 아닌 푸르스름하고 약간 울퉁불퉁하여 못 생겼다. 핸드볼만한 것이 요즈음 인기 있는 유기농 작물이다.

올 여름 유난히 잦은 비와 무더운 날씨에 줄기와 잎이 내려 앉아 몇 개 열리지 못했으니 아주 귀한 것이다. 이 귀한 재료로 무얼 해먹을까 하다 냉동실에 있는 미더덕, 바지락에다 양파와 풋고추, 호박을 듬성듬성 설어 넣어 된장찌개를 끓인다. 구수한 된장 냄새에 거실이 편안하고 따사롭다. 오도독 씹히는 미더덕의 매끄러움이 입안을 간질이고 바지락의 달짝지근한 맛이 먼 시간 안으로 여행을 떠난다.

국민 학교(현재 초등학교) 4학년 때로 기억된다.

나는 6,25 사변 난 다음해에 입학하였다. 학교를 피난민들에게 내어주고 산과 들의 그늘진 곳 모두가 우리교실이었다. 교과서도 없이 선생님께서 준비한 괘도에 적힌 " 바둑아, 바둑아." "이리 오너라."부터 배웠다. 4학년이 되어서 처음으로 교실에서 수업을 받았으니 뒤돌아보면 아주 어려운 시절이었다.

여름방학 등교 일이었다. 아버지께서 해수욕장에 데려 간다며 학교를 파하면 빨리 오라 하셨다. 부산에 살았어도 바다를 본적이 없었다. 모래사장에 비치파라솔이 펼쳐 있고 사람들이 모여 있는 바다가 해수욕장이라는 그림만 보았을 뿐이다. 해수욕장에 데려간다는 말씀에 발걸음이 땅에 닿지 않고 가슴이 터질 듯 좋았다.

수영 해수욕장으로 갔다.

요즈음 해운대처럼 비치파라솔이 즐비하고 수십만 피서객이 몰려드는 화려한 해수욕장은 아니었다. 지금은 완전히 매립되어 아파트와 고층 빌딩이 들어서 있지만 내 기억으로 그 때 수영은 모래사장이 넓고 바다 깊이가 완만하여 부산에서 제일 좋은 해수욕장이었다.

나는 고무줄 넣은 반바지 같은 팬티에 흰색 런닝셔츠를 입고 물에 들어가다 빨간색에 꽃무늬 그려진 짧은 원피스(일본말로 간당구라함)가 해수욕복이라는 걸 알았다. 다음 날 아버지께서 사주신 빨간색 수영복은 추억 속에 그려져 있다. 일주일인지 열흘인지 어렴풋하지만 아버지께서는 꽤 여러 날 동안 우리를 해수욕장에 데리고 다니셨다.

나보다 세 살 위인 오빠는 중학생이어서 제법 헤엄도 치며 조개도 잡을 줄 알았다. 바닷물이 허리춤에 올라오는 곳에서 두 팔을 하늘로 치켜든다. 발뒤꿈치를 물밑 모래에 디디고 모래를 조금씩 파고들다 뱅그르르 돌린다. 그러다 까끄리한 감촉이 와 닿으면 발가락을 오물이어 꽉 디디고 손으로 잡으면 된다고 가르쳐 주었다. 물속을 걷다가 발바닥에 무엇이 따그락 걸리면 발을 뱅그르르 돌렸다. 그 때마다 제법 큰 조개가 잡히었다. 얼마나 즐겁고 재미있었던지 이곳저곳 옮겨 다니며 잡았다.

잡은 조개들의 이름도 몰랐다. 그저 조개는 모두 같은 줄 알았으니… 지금 생각해보니 하얀색에 누런 줄이 몇 개 새겨진 백합 새끼 아니면 바지락 같다. 그 시절 수영 바다는 조개, 미역, 침이 뾰쪽뾰쪽한 검은 성게도 바위틈 사이에 많이 있었다. 집으로 돌아 올 때면 들통 가득히 잡아왔다. 자연이 풍성했던 시절의 미역냄새와 짭조름한 바다 내음이 살갗을 스민다.

그해 아버지께서는 논 한마지기를 팔아 우리 형제들 겨울감기 앓지 않게 하신다며 해수욕장에 데리고 다녔다. 하지만 어머니의 기억엔 그 겨울 우리가 제일 많이 감기를 앓았다고 푸념하셨다. 아버지의 애틋한 사랑이 그립다.

어느 해 아버지께서는 을숙도 근처 일웅도 섬을 거의 통째 사서 농사를 지으셨다. 오빠는 데려가면서 나는 어리고 딸이어선지 데려가지 않았다.

일웅도를 다녀온 오빠는 갈대 숲 이야기며 갈대 숲 밑으로 갈게가 셀 수 없이 기어 다니고 재첩조개가 모래 위 바닷가로 나와 까맣게 널려있어 그냥 끌어 담아온다 하였다. 정말 우리 집 넓은 장독 마당엔 갈게장 담긴 큰 장독과 사구(둘레가 넓은 옹기 그릇)마다 살아 있는 재첩이 가득하였다

손을 델 때마다 까맣고 반질반질한 조개들이 꿈틀 꿈틀 벌리고 있던 입을 움칠 놀란 듯이 다물며 거품을 보글보글 품어내었다. 신기하고 재미있어 장난을 하면 엄마는 생물이 죽으면 못 먹는다며 나무라셨다. 그 때 그것이 재첩 해감을 빼려고 하는 것인 줄 알지 못했다. 재첩들이 내가 재미있는 놀이로 그들을 건드릴 때마다 얼마나 놀라고 무서워했을까.

TV에서 '동물의 왕국'을 보면 생명을 가진 모든 동식물들이 생존을 위하여 치열한 노력을 기울인다. 아무 생각 없이 뱉은 말과 행동이 상대에게 큰 상처를 줄 수 있다는 말을 많이 듣고 알고 있지만 현재도 내가 그런 행동을 하고 있는지 조심할 일이다. 특히 오랫동안 함께 지내온 지인들과 가족들에게 알게 모르게 잘못한 일이 얼마나 많았을까 생각하니 정말 죄스럽다.

해물탕 끓이려고 사온 백합, 바지락, 홍합을 간간한 소금물에 담가두고 고향의 바다를 그리면서 토해내는 조개들의 이야기를 듣는다.

우리들은 아무리 마음 맞은 사람이 있어도 비슷한 환경, 고향 친구 아니면 속사정 이야기 풀지 않는다. 찌익 찌이직, 물을 뿜어 가슴 속 깊이 박힌 응어리를 풀어내니 '속앓이 병은 없다'고 말하는 것 같다.

혼자 움직일 수도 말할 수도 없는 미물 조개이지만 자세히 관찰하면 세상의 이치와 철학을 모두 알려 준다. 어디 조개뿐이랴, 세상의 모든 자연이 우리 인간들의 스승인 것을.

사라호 태풍이 불어와 일응도를 거의 삼켜 버리고 난 뒤 아버지께서는 일응도가 사라졌다며 가시지 않았다. 어쩌다 한번 씩 용왕님께 한 재산 받쳤다고 회상하셨다. 그 때부터 갈대밭과 재첩이 모래사장에 지천으로 살고 있을 일응도가 나의 마음 한쪽에 항상 추억으로 새겨져 왔다. 남쪽바다 섬이 그려진 지도를 볼 때마다 일응도를 찾아보는 버릇도 생겼다.

몇 년 전 을숙도 에코 과학관에 갔을 때 "일응도" 섬 이름이 나와 있어 아직 섬으로 존재 한다는 것을 알고 얼마나 반가웠던지… 지금은 무인도로 남아 있다니 한번 가보고 싶다. 아직도 재첩과 갈게들이 하얀 모래사장과 갈대밭을 기어 다니고 있는지… 아버지의 사랑이 그리운 갈대의 노래로 숨겨져 있을 그곳에 가 보고 싶다.

로션 한 병이 아까웠던 시절

할 일 없는 백수가 일주일 내내 스케줄에 쫓겨 하루도 쉴 날이 없다. 요즈음 백수가 제일 바쁘다더니 그러냐고 묻는 사람들이 많다. 시간 많은 줄 알고 지인들이 여기저기서 부르니 실속 없이 무슨 큰 사업하는 사람처럼 바빠졌다. 내가 생각해도 할 일 없는 장에 볼일 보러 가듯 바쁘게 다녀 집안 청소를 제대로 한 날이 드물다. 모처럼 조용히 하루를 보낼 생각으로 화장대 앞에 앉았다.

바삐 다니느라 화장품들이 제멋대로 늘려있고 화장대 위에 먼지가 제법 뽀얗게 묻어 있다. 마른 걸레로 화장대 위를 닦는다. 먼저 거울부터 닦았다. 혼자 쓰지만 언제 끼었는지 모를 얼룩이 곳곳에 묻어 있다. 반들반들해진 화장대가 청소해주어서 고맙다는 인사를 한다.

스킨 병, 로손 병, 향수병. 자그마한 매니큐어 병, 크림 병 등을 한 병 한 병 깨끗이 닦아 가지런히 놓는다. 병들의 모양이 매우 다양하다. 요즈음은 디자인이 발달하여 화장품 병들의 모양과 색깔이 예쁘고 아름답기까지 하다. 화장품 제조 기술도 뛰어나며 가게도 많아 각자 체질과 기능에 맞는 제품을 골라 구입하여 쓸 수 있다. 우리나라가 잘 살게 되어 쓰고 싶은 생활 필수용품을 마음대로 상점에서 구입하던 시절이 그리 먼 옛날이 아니다. 화장품은 더욱 귀하고 비싸 사 쓰기가 쉽지 않았다.

여성들이 결혼하면 사표를 내야 했던 시절이 있었다. 결혼 휴가며 산후조리기간은 꿈도 꿀 수 없었던 아득한 때다. 교직 생활을 하다 결혼을 하면서 전업주부가 된 나는 살림살이가 아주 서툴렀다. 첫 아이 큰딸이 태어나면서 종이 기저귀가 없던 때라 매일 기저귀며 남편 와이셔츠 등 자잘한 빨래거리가 많이 나왔다. 세탁기가 없던 시대이기에 아이가 잠들어 있을 동안 빨리 손빨래를 해야 했다.

딸이 기어 다니기 시작했던 어느 날이다. 빨래를 하고 집안청소를 모두 마쳤지만 일어났다는 울음소리가 들리지 않았다. 오늘은 다른 날 보다 많이 자는가보다. 느긋하게 생각하고 남은 다른 일들을 여유 있게 하였다. 그때에 방에서 무엇이 굴러 떨어지는 소리가 퉁하고 들렸다. 깜짝 놀라 방문을 열어보았다.

아기가 화장대 위에 앉아 있었다. 그냥 앉아 있는 게 아니다. 얹혀 있던 몇 가지 화장품들은 떨어져 뒹굴고 있었다. 병뚜껑이 어떻게 열렸는지 얼굴과 손이 로션으로 흠뻑 젖어 있고 검은 자개 화장대는 허연 칠로 얼룩얼룩 하였다. 방바닥에는 깨어진 유리병과 찐득한 액체가 엉겨 붙어 있다. 그 순간 얼마나 놀랐던지…

아기는 무슨 장한 일이나 한 것처럼 나를 보고 환하게 웃다가 "미라야~" 소리 질러 부르는 내 표정에 놀라 "으앙~"하고 서럽게 울었다. 얼른 아기를 안아 내려놓았다. 마음을 진정 시키고 생각하니 기가 막혔다. 남편의 적은 월급에서 방문 판매하는 아주머니에게 몇 달 씩 갚아주는 조건으로 산 것이다. 지금 말로 월부로 산 것이다. 아직 얼마 쓰지 않았으니 얼마나 아까운지 표현하기 힘들었지만 깨어진 병조각에 아기가 다치지 않은 것만도 다행이지 위안을 하여도 아까운 건 어쩔 수 없었다.

그 뒤로 아기를 재우고 일할 때면 항상 귀를 쫑긋 세워야 했다. 아기의 낮잠시간은 길지 않다. 조용하면 무슨 일이든 저지른다는 걸 터득하였다. 여자 아이라 그런지 립스틱이며 분으로 얼굴에 그림을 그릴 때가 종종 있어 엉덩이를 때리며 나무란 적도 있었다.

화장대 위에 환하게 방글방글 웃던 귀여운 어린 딸이 앉아 있다. 이제 딸의 나이가 그 시절 엄마 나이를 훨씬 넘겼다. 갑자기 보고 싶은 마음에 전화기를 들었다.

"엄마, 무슨 일 있어요." 하는 음성 들리자 괜한 그리움이 살아나고 찡하며 목이 메었다.

"응, 아무것도 아니다. 그냥 어떤가 걸어 보았다. 됐다."며 얼버무리고 끊어 버렸다.

호기심으로 세상 일 모두를 배우려던 때의 예쁜 딸 사진 한 장이 오늘 아침 동영상으로 다가온다. 흘러간 시간은 언제나 아쉽고 아름답다.

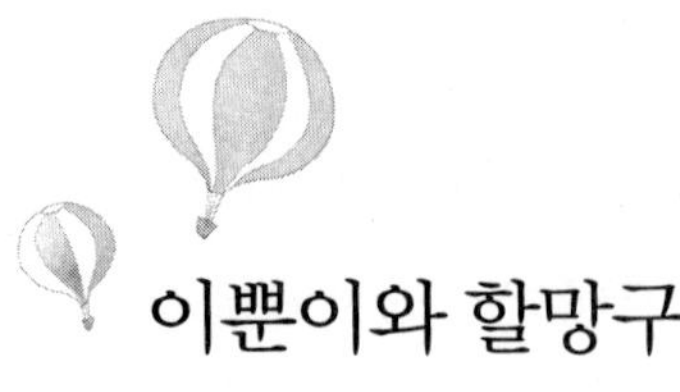

이뿐이와 할망구

베트남 하롱베이를 가슴에 안고 비행장으로 향한다. 패키지여행 첫날은 서먹하고 어색하지만 하루 이틀 함께 다니다보면 가족의 정을 나누게 된다. 마지막 날 헤어짐은 항상 아쉽고 서운하다.

친한 친구의 가족여행에 여행 좋아하는 친구와 나 그리고 낯선 가족 두 팀이 합류하였다. 그냥 헤어짐이 아쉬워 공항으로 가는 버스에서 남은 두 시간 동안 자기소개와 장끼자랑 또는 노래로 화목의 시간을 가졌다.

앞에서부터 앉은 차례대로 돌려가며 마이크를 돌렸다. 저마다 여행에서 만났던 마음에 새긴 깊은 감동을 이야기하며 어떤 분은 춤을 곁들인 노래도 불렀다. 버스 안은 박수소리와 웃음으로 화기애애한 분위기가 넘쳐흘렀다. 친구의 남편 차례다. 트로트 한곡을 멋있게 부르고 난 뒤 다음 부를 사람을 지명하겠다고 자청하셨다.

"지구상의 인구가 70억 인줄 압니다. 그중 남성이 35억이며 여성도 35억이라 합시다. 여성 35억 중에서 가장 예쁜 우리 집사람 이쁜이가 노래를 부르겠십니다."하고 친구에게 마이크를 넘겨주었다. 마이크를 받은 친구의 얼굴은 약간 쑥스러워하면서 행복한 표정이다. 손위 시누이, 시동생 동서들이 함께한 자리다. 그 자리에서 자기 아내를 지구상에서 가장 이쁜이라 부르는 분은 정말 멋있고 훌륭하게 보였다. 가부장적이며 엄격한 유교사상에 젖은 우리 전통 사회에서 특히 우리 세대에 가족과 친지들 앞에서 아내를 이쁜이로 부르는 용기가 훌륭하고 존경스럽게 보였다면 과장일까. 친구가 이쁜이 호칭에 얽힌 에피소드를 들려주었다.

어느 날 친한 친구에게서 전화가 왔다.

"여보세요. 00엄마 좀 바꿔주이소"

"아~, 우리집 이쁜이 말이요."하고 남편이 자상하게 바꾸어 주자 전화 받은 그 친구 왈:

"야~, 느그 집구석엔 그리 인물이 없냐? 니가 이쁜이라고, 아이고, 니코 그기코가" 하여 한바탕 웃었다는 이야기를 듣고 우리들이 얼마나 크게 웃었던지. 그런 말을 할 수 있는 막연한 벗을 두었다는 것도 진정 아름다운 일이다.

남편이 선녀라고 부르는 친구도 있다. 내가 전화해서 친구를 찾으면 "우리 사랑하는 선녀요. 잠간 기다리소." 하고 바꾸어 줄 때도 있고 어떤 때는 웃으면서 "우리선녀 너무 찾으면 닳을 수도 있어요." 하실 때도 있다. 남편이 선녀라 불러주니 그 친구 별명은 저절로 선녀가 되었다.

우리세대의 부부는 대부분 '여보, 당신'으로 불렀다. 집안의 분위기에 따라 다르지만 우리 집은 맏시숙께서 첫 조카 이름으로 큰형님을 불러서 그런지 둘째 아주버님께서도 둘째형님을 맏이 이름으로 불렀다. 그러니 자연스레 우리부부도 큰딸 애칭으로 '미라엄마와 미라아빠'로 불렀다. 애칭은커녕 부부만의 특권인 여보 당신도 부르지 못한 게 후회스럽다.

어느 부부 모임에서 남편들이 자기 아내를 소개하였다. 대다수 남편들이 우리 집사람, 아니면 제 아내라고 소개하였지만 한 사람이 '우리집 할망굽니더' 라고 하여 그 부인이 화가 나고 창피하여 그냥 돌아와서 한바탕 부부싸움을 하였다는 일화도 들었다. 남도 아닌 남편이 그리 부르니 화가 날 수밖에. 손자가 있으면 할머니가 되는 게 자연스러운 일이지만 자기 손자 아닌 사람이 할머니라 부르면 그냥 듣기 싫다. 물건을 사러 상점에 갔을 때도 할머니 이것 좋아요 하고 권하면 센스 없다며 대부분은 그냥 나온다. 어머님, 사모님 하는 것보다 듣기 싫은 걸 어쩌랴.

70억 인구 중에서 부부로 선택 받는다는 것은 얼마나 크고 대단한 인연인가. 인간이 범접할 수 없는 크나큰 자연의 섭리와 신의 뜻이 있어서 맺어졌으리라. 집안에서 키우는 강아지도 주인이 좋아하고 아끼면 이웃들도 아끼고 사랑하여 준다는 말이 있다. 하물며 긴 세월 함께 가정을 가꾸며 살아온 시간이 얼마인데 부인을 이뻔이, 선녀는 아니라도 할망구라 부른다며 화 안낼 사람 있을까, 그것도 부부동반 모임에서 그랬으니 부처 아니라 보살이라도 깊은 상처를 받았으리라. 웃으려 지어낸 이야기가 아니고 남편이 정말 할망구라 불렀다면 그 인격을 생각해볼 일이다. 부인들도 예의를 갖추어 좋은 호칭으로 남편을 불러야 잔주름 하나까지도 사랑하는 가정이 될 것이다.

요즈음 젊은 부부들은 서로 이름을 부르든지 남편을 오빠라고 부른다. 결혼하기 전에야 상관없지만 결혼 후에도 그렇게 부르는 것은 듣기에 거북하다. 시부모들도 젊은 세대 따라 한다면서 아들을 오빠라 부르는 며느리에게 고쳐줄 생각을 접은 걸 보면 안타깝다. 결혼한 자녀들에게 서로 맞는 호칭과 애칭으로 부르게 한다면 행복한 가정을 이룰 것이다. 따뜻한 사회, 건전하고 튼튼한 국가로 세상은 한층 밝고 빛날 것이다. 나만의 생각일까… .

세계 7대 자연유산으로 등재된 하롱베이의 몽글몽글한 수천 개의 푸른 섬 안에서 여행객 모두는 동양화 화폭에 그려진 행복한 신선이 되었다. 거기에 부인을 이쁜이라 부르는 마음 따뜻한 분과 함께하여 더욱 아름답고 소중한 사진으로 남았다.

헌 신발

여러 해 전이다. 친구들 모임에 갔다 좋은 상품 싼값에 파는 바자회가 열렸다하여 들렀다.

임시로 설치한 상점 사이로 많은 사람들이 자기들에게 맞는 상품을 찾느라 야단들이다. 무질서하고 시끄러우면서도 활기찬 기운이 넘치는 장터였다. 처음부터 무엇을 살 것이란 목적으로 가지 않았으니 그저 구경하며 이리저리 다녔다.

야무진 구석이 남들보다 못한 나는 많은 물건을 싸게 파는 곳에서 좋은 것을 빨리 고르는 안목이 떨어진다. 필요한 옷이나 신발, 안경, 가방 등을 구입할 때면 함께 간 사람이나 친구들의 도움을 받아 사는 경우가 많다.

이름이 알려진 신발가게 앞에서 친구들이 “야~, 이 신발이 이렇게 싼 값에 나온 적 없다.” 며 집안 식구들 것까지 여러 켤레 씩 골랐다. ‘정말 파격적인 가격이다’ 생각되어 흰색 밑창에 검정색 가죽으로 된 튼튼하면서 심플한 모양의 운동화 두 켤레를 골랐다. 하나는 작은 딸을 줄 생각으로 한 치수 큰 것으로 구입하였다. 우리가 흔히 말하는 메이커 신발 두 켤레를 한 켤레의 반값도 안 되는 가격에 샀다니 괜히 기분이 좋았다.

다니러 온 딸에게 "니 신발 샀다"고 자랑스럽게 보였더니 "엄마, 이 운동화는 구형이고 요즈음 이 디자인 신는 사람 없다." 며 가져가지 않았다. 모처럼 인심 쓰려 했는데 엄마의 안목이 무시되는 것 같아 서운했다. 똑 같은 신발 두 켤레가 내 것이 되었다.

일상생활에 운동화 신고 외출할 때가 별로 없으니 그 신발은 오래도록 신발장에 있어야 했다. 그러다 친구들 끼리 주 일회 등산을 하기 시작했다. 신발장에서 잠자던 운동화가 제날을 만난 셈이다. 발에 꼭 맞아 구형이래도 메이커 값을 한다며 오래 신었다.

사람의 마음이란 참으로 요사스럽다. 함께 가는 친구들과 등산 오는 여러 사람들의 신발과 나의 신발을 저절로 비교하게 되었다. 검정색 신이어서 내려 올 때면 먼지가 뽀얗게 앉아 보기 싫었다. 자주 닦아도 흙먼지 묻은 신발은 깨끗하지 않았다. 차츰 신발이 신기 싫어지지만 새것을 하나도 아니고 두 켤레나 두고 새 디자인 신발을 사려니 마음이 허락하지 않았다. 다른 사람들이 신고 있는 예쁜 디자인의 운동화를 어린애처럼 신고 싶어졌다. 한 켤레라도 누굴 주고 난 뒤에 사야지 생각하지만 내가 신기 싫은 것을 남에게 선뜻 주기가 민망하여 망설였다.

어느 날 시장에 다녀오다 메이커 신발은 아니지만 여러 가지 모양의 등산화 겸용 운동화를 많이 쌓아놓고 팔고 있었다. 가격도 샀다. 눈이 반짝 띠었다. 등산할 때마다 번갈아 신을 요량으로 디자인과 색깔이 예쁜 것으로 두 켤레를 골라 사왔다. 물건도 인연이 있어야 나의 것이 되나보다. 이런저런 생각에 얽혀 망설이고 사지 않았던 것을 한꺼번에 두 켤레를 사다니… 아마 이 신발 장사에게 전생에 조금 진 빚이라도 있었던가. '충동구매를 했구나.' 생각되면 언제나 나를 위로 하는 마음이다.

등산하는 날 마음에 드는 새 신발을 신고 나서니 발이 날아갈 듯 가볍고 상쾌하였다. 친구들과 이야기하며 한참 산을 오르려니 발가락이 조금 죄어 오는 것 같았다. 그러면서 차츰차츰 발이 아파오기 시작하였다. 새 신발이라 그렇겠지 하면서 참고 걸었다. 시간이 지나면서 더욱 발이 아파 도저히 걸을 수 없었다. 그러니 함께 가던 친구들도 항상 우리가 가는 곳까지 오르지 못하고 중간에서 쉬다가 그냥 내려 와야 했다. 나 때문에 반쪽 등산을 한 친구들에게 미안했다. 내려 올 때는 발에 물집까지 생겨 얼마나 혼이 났던지, 괜한 욕심을 내지 말아야 했는데…후회가 되었다.

"구관舊官이 명관明官"이란 말이 떠오른다.

사람이나 물건이나 모두 한결 같다고 생각된다. 새 물건이 좋겠지 새사람이 또는 새 집이, 새로운 직장이 하고 바꾸다 보면 바꾸기 전 보다 변화하는 과정에서 익숙하지 못한 일들이 장애로 돌아와 처음 것보다 못할 경우를 많이 겪는다. 그러다 평생 일정한 곳에 정착하지 못하는 사람들도 있다. 멀쩡한 신발을 두고 다른 사람들 것

보다 마음에 들지 않는다는 이유로 구매한 신발에게서 많은 것을 배운다.

매사에 신중하고 침착하며 쓸 가치가 충분한 것인가, 나에게 알맞은 일인가 차근차근 생각하며 물건을 사든 일을 하든 해야 된다. 알면서도 사람이 하는 일이라 그렇지 못하니 어찌하랴.

구형 운동화 신은 나를 자세하게 볼 사람이 없을 것이니 상관하지 않고 아직도 한번 씩 신는다. 오래 사귄 친구처럼 발이 편안하고 포근하다.

내 삶의 버팀목은

지하철 단상斷想

풍경 1

어느 날 지하철 안 풍경이다.

칠십대로 보이는 할머니 한분이 이리저리 두리번거리며 좌석을 찾는다. 약간 낡은 옷차림과 얼굴에 깊게 파인 주름살이 살아온 지난 세월의 고단함으로 흠뻑 저린 인상이다. 그걸 본 말쑥한 모습의 한 청년이 이쪽저쪽 눈치를 살피더니 일어나 할머니에게 자리를 내주었다. 이 할머니 '고맙다'는 인사나 '미안하다'는 눈길 한번 주지 않고 그냥 덥석 주저앉더니 앞에 서 있는 청바지에 티셔츠 하얀 운동모를 쓴 청년에게서 별로 무거워 보이지도 않는 가방을 받아들고 또 사방을 두리번거렸다. 손자인지 늦둥이 아들인지 알 수 없지만 자리를 찾아주려나 보다. 그 때 마침 내 옆 좌석이 비었다.

눈치 빠른 할머니 잽싸게 손으로 함께 탄 청년을 가리키며 '앉아라.' 눈짓하니 그 청년 얼른 좌석을 차지한다. 그 역시 할머니에게 좌석 양보한 사람은 아랑곳하지 않았다. 순간 좌석 양보한 젊은이 머쓱히 바라보다 고개를 돌려버린다. '정말 염치없는 사람들이구나,' 하는 생각이 들었다.

요즈음 낮에 지하철 이용하는 노인 승객들이 부쩍 많아졌다. 의술의 발달과 풍부한 음식으로 건강한 노인 생활, 거기에 지공선사 <?> 라는 복지 혜택까지 주어진 덕이리라.

노인 세대들은 우리가 힘겹게 열심히 살아서 살기 좋은 나라로 기반 세웠는데 공짜표 한 장 이용하는 것쯤이야 당연한 일이다 생각할 수 있다. 하지만 이 시대를 살아가는 청소년들의 고단한 생활도 알아주어야 하지 않을까?

매일 매일 쏟아지는 첨단 과학문명과 쉼 없이 밀려오는 정보에 하루라도 느긋하면 뒤떨어진 삶을 살아가야 할 젊은이들이다. 지하철 좌석에서나마 잠간 졸 수 있도록 배려하는 노인들이 되면 어떨까 생각해본다. 일부러 노인 좌석을 놔두고 일반석 앞으로 가서 자리 양보하기를 기다리지 말면 좋겠다. 어떤 노인은 한 격을 더 높여 자리 양보 하지 않는다며 동방예의지국東方禮儀之國이 모두 무너져 버렸다.'고 호통 치기도 하니(하기야 그런 면이 있긴 하지만), 함께 늙으며 살아가는 사람으로 부끄럽기까지 하다. 미래에 나라를 짊어지고 갈 젊은이들에게 힘든 하루 일을 마치고 집으로 돌아가는 길이 조금이나마 편할 수 있도록 출 퇴근 시간만이라도 매우 급한 일 아니면 피하여 주면 어떨지…… .

자기 피붙이에 대한 사랑이 지나쳐 남의 자식 귀한 줄 모르는 노인은 더더욱 아니었으면 좋겠다.

풍경 2

지하철 안에 갑자기 흘러간 팝송 가락이 커다랗게 울려 퍼진다.

순간 차내에 있던 모든 손님들 눈이 휘둥그레지면서 소리 들리는 쪽으로 고개를 돌린다. 바퀴달린 여행 가방 위에 놓인 커다란 녹음기에서 흘러나오는 음악 소리다.

귀에 익은 일천구백육, 칠십년 대의 페티페이지의 체인징 파트너 *Changing Partner*, 아이 웬 투 유우 웨딩 *I went to your Wedding*이 흐르고, 나는 그녀의 아름다운 목소리와 매력적인 음색에 녹아들어 스무 살의 꿈 많던 시절로 빠져 드는데, "시끄러우니 그 녹음기 소리 좀 꺼요!, 지하철 안이 어디 시장 골목길이오." 일순간 차 안은 조용해지고 음악소리 요란하다 꺼졌다. 조금은 교양 있어 보이는 오십 초반 아주머니의 잔득 화나고 앙칼진 목소리였다. 모든 손님들의 시선 그녀에게 솔리니 약간 어색한 듯 다시 "너무 시끄럽지 않아요?" 하며 동의를 구한다. CD 팔려든 삼십대 청년 멍하니 둘러보고, 차안 손님들 '잘 됐다'는 표정과 '안됐다' 는 표정이 엇갈린다.

CD 청년이 약간 주눅 든 목소리로 설명을 하지만 영 먹혀들지 않자 큰 가방을 이끌고 다른 칸으로 힘없이 사라졌다.

많은 승객들이 조용하게 각자 생각에 잠길 수 있는 공간인데 불청객 상인이 귀를 어지럽히면 정말 신경 사나운 일이다. 지하철 안에서 물건을 파는 일은 불법이고 파는 물건들은 AS 되지 않으니 사지 말라는 방송도 한다. 그래도 불법판매 상인들은 끊이지 않는다. 나도 가끔씩 지하철 패션을 구입할 때가 있다. 일상생활에 필요한 물건이면서 싼 가격 좋은 것이라 느낄 때, 정말 불쌍하고 가엽게 보이는 노인이나 장애인들의 물건들이다.

요즈음 모두들 시중 경제가 어렵다 하고 청년들 취업하기가 무척 힘들다고 하니, CD 파는 청년 역시 취업 자리를 못 구하다 보니 여기에서 장사하게 된 건 아닐까, 우리 사회의 모든 아들딸들이 이 청년과 같은 처지에 놓일 수 있다는 생각도 해본다.

집안에 혹시 부모님이 편찮으시든지 아니면 자식이 아파 약값이라도 벌어야 하는 처지는 아닌지. 이리저리 생각해보니 조용히 하라고 소리친 아주머니가 조금 야속하게 느껴졌다. 불법판매는 말아야 하고 법은 꼭 지켜야 되지만 살아보겠다고 부끄럼 마다않고 용기 내어 장사하는 청년에게 지그시 눈감고 참아주는 아량을 보였으면 좋겠다. 나의 생각이 나쁜 것일까, 지금은 지하철에서 쫓겨날까 숨죽이며 장사를 해도 먼 훗날 큰 사업가 로 자랄 기반이 될 수도 있을 터이니 물건 사주지 않더라도 가만히 있어주면 어떨까… 그 청년 오늘은 무얼 하고 있을까 민망스러워하던 표정이 스친다. 부디 용기 잃지 말기를…

풍경 3

지하철 안

"조용히 가시는 차안 시끄럽게 하여 죄송합니더. 지갑 겸용 명암 집 하나 소개하러 나왔심더. 이게 작아도 돈과 카드 여러 장 넣을 수 있어 편리하고 명암도 여러 장 넣을 수 있습니더. 사랑하는 가족사진도 넣고 부피가 작아 호주머니에 넣어 다닐 수 있으니 여간 좋은 게 아닙니더. 거기다 값도 싸 단돈 천원 한장에 드립니더." 조그마한 지갑에 앨범 모양을 한 명암 첩을 이리저리 폈다 닫았다 반복하며 통로를 왔다 갔다 한다.

그 때 나의 맞은 편 좌석에 일흔 살 쯤 보이는 노부부가 티격태격 다투는 눈치다. 아마 할아버지는 지갑 겸한 명암 첩을 사려고하고 할머니는 사지마라고 말리는 표정이다.

할아버지는 눈만 끔벅끔벅하며 입맛을 다시다 마침내 구입하기로 결정하셨는지 손짓하여 장사를 부른다. 순간 할머니 눈빛이 새침해지고 성난 두 눈 꼬리가 올라가고 얼굴표정이 확 바뀌며 혼자서 못마땅해 중얼거린다. 여러 사람이 있는 곳이라 억지로 참는 표정이 역력했다. 물건을 사신 할아버지는 이리저리 뒤적이며 살피다 할머니 핸드백에 넣어라 하니 할머니 심기 상한 눈빛을 보내고 어쩔 수 없는 표정을 지으며 또 무어라 중얼 거린다.

할아버지는 눈 지그시 감고 천정을 쳐다보다 못 참겠는지 할머니 핸드백을 툭 치며 도로 받아 자기 호주머니에 넣는다. 노부부의 표정이 여간 어색하지 않다. 옷매무새가 그리 험해 보이지 않고 현재의 삶이 아주 고단해 보이지도 않는 데, 단돈 일천 원짜리 물건을… 비록 사가지고 가서 쓸모없어 버릴 것이라도 남편이 사고 싶어 하는 것을 저리 못마땅해 할까 할아버지가 약간 가엾게 여겨졌다.

나도 남편이 무엇을 사고자할 때나 사왔을 때 쓸데없는 물건 샀다 잔소리할 때가 있었다. 부부로 함께 늙어가는 입장에서 과도한 낭비 아니면 사고 싶은 것 사보는 재미도 있어야 하지 않을까? 단돈 일천 원짜리 물건을 놓고 티격 대는 노부부의 삶에 내 삶의 시간을 반추해본다.

그 시간, 옆 좌석에 앉은 이십대의 애 띤 연인 둘이서 함께 탄 승객들을 아랑곳하지 않고 얼굴을 비비다 볼에 살짝 입맞춤까지 하며 소곤거리고 깔깔대는 모습이 보인다. 저렇게 사랑하다 결혼하여 생활하면 어떨까… 옆자리 노부부로 변할 먼 훗날 저들은 상대방의 조그만 흥미와 즐거움마저 빼앗는 부부로 변하지는 않겠지. 노부부처럼 어려운 시대를 살아가지는 않을 터이니… 얼마나 어려운 생활을 하며 나날을 보냈기에 일천 원 하는 물건 사는 것을 두고 할머니가 저리 속상해 할까!

저들은 식민지시대에 태어나서 아픔과 괴로움의 암흑시대를 어린 시절로 보냈을 것이다. 청년시절은 6.25사변이라는 전쟁을 겪으며 절약 절약하며 살지 않으면 자식들 교육과 먹고 입히며 살 수 없었을 것이다. 절약하는 습관이 몸에 배어 단돈 일천 원 쓰임도 꼭 필요하지 않으면 용납되지 않게 되었나보다.

요즈음 학생들과 젊은이들 중에는 학용품 또는 일상생활용품들을 잃어버려도 애써 찾으려하지 않는다. 오래 사용해도 괜찮을 물건들을 함부로 버리기도 한다. 정말 격세지감隔世之感이 든다. 소비가 미덕일 때도 있지만 어느 시대라도 절약하면서 검소하게 사는 사람들에게 행복한 미래가 보장되지 않을까. 하지만 지나친 절약은 소비생활에 위축을 주어 경제가 둔화 될 수도 있으니 앞에 앉으신 할머니의 절약정신은 너무 지나치다 싶다.

세대 간의 교류

은은한 가야금 가락이 흐르고 사모관대를 쓴 앳된 신랑이 입장한다. 금박을 입힌 붉은 활옷에 족두리를 쓰고 흰 수건으로 얼굴을 가린 신부가 열 두 폭 병풍 앞에 차린 혼례청에 들어섰다. 시끌벅적하던 장내가 갑자기 조용해졌다. 세대 간의 교류 행사 마지막 시간인 전통혼례 장면이다.

가정이 핵가족화 되어감에 따라 조부모와 함께 생활하는 가정이 드물다. 복지관에서 청소년들에게 할아버지 할머니를 모시고 약 2일간 생활하여 문화를 소통하게 하는 세대 간의 프로그램을 열었다. 거기에 우리 봉사단 20명이 참가하여 좋은 시간을 보냈다.

여름방학기간이지만 75쌍인 청소년과 할아버지 할머니 150명이 참가하여 뜻있는 행사를 가졌다.

처음만남은 서로 서먹서먹하고 어색하였다. 옷깃만 스쳐도 깊은 인연이라는데 약 이틀간 손자 손녀 할아버지 할머니로 만난다는 것은 매우 큰 인연이다. 중학생들은 이 프로그램에 참가하면 봉사 점수 10점 가산의 매력에 왔으니 완고한 낯선 노인들을 받아들인다는 것이 쉽지 않았을 것이다. 오직 적당히 15시간 지나면 된다는 생각을 하였을지 모른다. 서로 짝으로 만나 짧은 시간이나마 할아버지 할머니 손자 손녀로 인연이 맺어지면서 조금씩 프로그램에 빠져들고 정이 새록새록 번져나기 시작하였다.

첫 시간은 각자 소개로 시작하여 얼굴을 익히고 노래와 춤으로 장끼를 겨루면서 노인세대와 청소년세대는 점차 보이지 않는 벽이 허물어지며 분위기가 고조되었다.

둘째시간은 사물놀이다. 장구, 북, 꽹과리, 징을 한 쌍에 한 악기씩 놓고 가르치니 우리민족의 전통가락에 젖어든다.

8.15 광복 이후 밀물처럼 밀려드는 서양문화로 모든 것이 서양화되고 고유의 전통문화는 빛을 잃어왔다. 우리는 전통음악보다 서양음악에 익숙해져 있다. 특히 청소년들은 서양 클라식 음악은 물론 팝송, 째즈, 힙합에 까지 젖어 있으니 전통가락은 몹시 어색하리라. 그래도 전통가락은 무의식 속에 우리들의 혈관 속으로 맥맥이 흘러 금방 장구, 북. 꽹과리, 징을 익혀 사물놀이로 서툴지만 신나게 연주하게 되었다. 자진몰이 장단까지 빠르게 이어져 신통스럽기까지 하였다.

사물놀이를 통해 노인세대와 청소년세대는 단번에 일체감의 애정을 느꼈으며 거기다 학생들 입에 맞는 힙합 댄스는 모두를 한 울타리 안으로 감싸 안았다. 이렇게 하루를 보내고 청소년들의 배웅을 받으며 헤어질 때는 마음이 찡하였다.

둘째 날은 예절 교육 프로그램이 있는 날이다.

절하는 방법과 생활예절을 배우는 시간이다. 생활구조가 바뀌고 주거공간이 전통가옥에서 아파트로, 의상이 한복에서 양장으로 바뀜에 따라 우리의 인사문화도 변화되어 왔다. 강사님의 진지하고 성실한 설명으로 여태까지 알지 못하고 예사롭게 지나쳤던 사소한 부분까지 알게 되어 소중한 시간이 되었다.

남자와 여자의 절이 다르고 명절과 평상의 절이 구별되며 큰절과 평절 등 알지 못한 부분이 너무 많았다. 특히 웃어른에게는 '절 받으십시요.'는 명령형이라 쓰지 않고 '절 올리겠습니다.'하여야 한다는 것과 검지로 상대방을 가리키면 실례라는 것 등 교양의 가치를 높이는 의미 있는 시간을 가졌다. 지금은 성인이 된 우리아이들에게 가르쳐주지 못한 것이 많았구나 하는 반성의 시간도 가질 수 있어서 학생들에게 보다 나에게 더욱 좋은 시간이 되었다.

마지막 시간은 전통 혼례 재연이다.

참가한 학생이 신랑 신부가 되어 전통 혼례복장으로 혼례청을 들어서니 아름답고 화사한 느낌에 엄숙하고 거룩하였다. 우리 전통혼례식은 그저 까다롭고 복잡하고 지루하고 번거롭게 생각하는 게 보통이다. 전통혼례를 재연해 봄으로써 엄숙하고 정중하면서도 중후하고 아름다운 결혼식이라는 느낌을 받았다. 아직은 청소년들이지만 결혼 적령기를 맞았을 때 몇 분에 한 쌍씩 탄생하는 공장식 예식장 결혼식보다 전통혼례를 치를 사람이 분명 나오리라 여겨지며 우리 것이 좋다는 게 새삼스러웠다.

회자정리會者定離라 만나는 시간이 있으면 반드시 이별하는 시간이 오게 마련이다. 처음 만났을 때의 어색함은 싹 가시고 할아버지 할머니를 부르며 전화번호 메일 번호를 교환하고 석별의 정을 나누는 모습이 세대 간 교류시간의 절정이요 보람이다.

앞으로 이런 프로그램이 많아져 세대 간의 벽을 허물어 낸다면 무질서하고 황폐해져가는 사회가 도덕과 예절이 갖추어진 사회로 변모할 것이라 여겨졌다. 좋은 프로그램에 미력이나마 동참한 것이 가슴 뿌듯하였다.

자연이 스승

자연은 계절에 따라 각기 다른 모습으로 다가와 잔잔한 감동을 안겨준다. 봄에 산을 오르면 파릇파릇 돋아나는 새싹에서 희망을 보며 화려한 꽃의 축제에 아름다움을 느낀다. 여름산행에서는 쨍쨍한 햇볕에 우거진 녹음과 숲의 향기가 청량제가 되며 천둥번개와 세찬우뢰를 이겨낸 성장의 기쁨을 본다. 가을산은 오색단풍으로 단장한 중년의 중후함과 여유로움이다. 겨울은 나뭇가지에서 떨어진 낙엽이 삶을 비워 거름으로써 다음 생을 준비하는 베품으로 태어남이 좋다. 생의 아름다움과 희망, 마음의 청량제, 성장의 기쁨이며 중년의 중후함과 여유에다 다음 생을 위한 비움과 베품까지 볼 수 있어 자연을 사랑한다.

사계절을 유년기, 청소년기, 장년기, 노년기에 비유하면서 인생은 연극의 4막 5장이다 말한 어느 문인 글귀가 생각난다. 살아온 나날을 뒤돌아보니 한바탕 연극공연을 한 것 같다. 얼굴모습이 다르고 직업과 생각이 다르며 사는 집 평수가 다르지만 우리의 생활이란 게 결국 오십보백보이리라. 어느 책에서 읽었던가. 집집마다 대문 열고 들여다보면 근심걱정 없는 집 어디에도 없다한 표현이 마음에 새겨진다. 그렇지만 우리의 노력에 따라 청년시절의 희망과 소망을 현실로 바꿀 수 있다. 나아가 중년의 여유로움을 나눌 수 있으며 좋은 환경과 문화를 만들어 차세대에게 행복한 삶을 물려주려고 누구나 애쓰며 살고 있다.

가끔 오는 외손자에게서 인생의 봄을 본다. 갓 태어나 품에 안고 맡은 첫 향기는 문자로 표현할 수 없는 천상의 향수였다. 몇 억겁의 인연을 쌓아 만난 감격에 가슴 뭉클했던 기억이 엊그제 같은데 벌써 "할머니 왜 꽃이 피었어요? 이건 무슨 색이에요 산에는 왜 나무가 많아요? 이건 뭐에요?" 무얼 그리도 많이 알려고 하는지. 사계절의 순리를 깨우치려 쏟아내는 질문으로 세상을 모두 알려하는 마음이 인생의 시작인가 보다. 아직은 많이 몰라도 될 탠데. 너는 지금 막 물오른 나무에 움트는 새싹이다. 아가야, 건강한 미래를 위하여 즐거운 나날로 채웠으면 좋겠다. 제발 영어노래며 동화 읽기 그림 공부 등에 내몰지 마라 이른다. 우리 아이들 키울 때와 달라 두서너 살 만 되면 놀이방에라도 보내야만 또래친구가 생긴다니 할머니 말은 호랑이 담배 피울 시절 이야기라 일축되고 만다.

어제 밤 내린 봄비에 벚꽃이 화들짝 꽃망울을 터뜨렸다. 거리는 연분홍색과 짙은 붉은색 꽃잎이 따스한 햇살과 어우러져 화려한 벚꽃축제를 연출한다. 목적지보다 한정거장 앞서 내려 천천히 걸었다. 차들도 휙휙 꽃길을 달린다. 몽글몽글한 하얀 구름송이 같은 꽃들이 눈부시게 아름답다.

어디선가 한줄기 꽃바람이 불어와 이마를 스치며 지나간다. 며칠 지나면 꽃잎은 떨어지고 파릇파릇한 잎사귀는 짙푸른 녹색 옷으로 갈아입으며 매미 쓰르라미의 울음으로 가득할 여름의 둥지를 트겠지. 소나기를 동반한 천둥 번개가 우르르 쾅쾅거리는 우뢰 속에서도 나무는 뿌리를 굳게 내리고 숲은 더욱 무성하게 우거져갈 것이다.

성큼 여름이 지나면 산과 들은 오색단풍으로 화려하게 단장을 한다. 혼신을 다하여 타오르는 불꽃같은 정열을 쏟아 풍성한 열매를 수확하며 다쳐올 긴 겨울을 지낼 준비를 마치리라.

요즈음 지하철을 타면 노인들로 좌석이 가득할 때가 많다. 고령화시대라더니 어떤 때에는 젊은 사람들에게 미안하기조차 하다. 급변하는 정보화시대에 힘겹게 살아가는 젊은이들에게 우리세대는 무엇을 남겨주어야 할까. 저들의 성장을 위하여 낙엽이 되고 거름이 되어 튼튼한 숲의 꿈을 가꿀 수 있게 할 자연을 스승으로 삼는 삶이 어떨까…

공양미 두 봉지

법당에서 오천 원에 팔고 있는 공양미 한 봉지를 부처님 전에 올리려고 지갑을 열어보니 일만 원 권 뿐이다. 본래 판매원이 없다. 함께 간 도반에게 오천 원 있느냐 물으니 없단다. 종무소에도 오후 늦은 시간이라 문이 닫혀 있다. 다시 법당으로 와서 법당보살에게 물으니 없다한다. 부처님 전에 절할 생각은 잊어버리고 온통 오천 원으로 가득하다. 오늘 꼭 공양미를 올리고 가려고 했는데 그냥 가야하나. 어디에서 오천 원을 구하나 머리가 복잡해졌다.

마음을 가다듬고 부처님 전으로 눈길을 돌렸다. 인자한 미소를 머금고 지긋이 바라보고 계시는 눈빛이 "무엇을 그리 복잡하게 생각하느냐, 쉽게 풀어보아라." 일러 주신다. 순간 정신이 번쩍 들었다. 일만 원을 넣고 공양미 두 봉지를 사서 올리면 되지. 무엇이 그리 아깝고 어려운가. 오늘은 두 봉지를 올려야 하는 날인데 한 봉지에 집착했으니 시간만 축내었구나.

일만 원을 대금 상자에 넣고 공양미 두 봉지를 부처님 전에 올리니 마음이 편안하였다.

"야, 이 바보야. 왜 진작 그 생각은 못했냐. 나는 한 봉지라 생각했지만 부처님 마음은 이미 두 봉지였다." 일러 주신다.

매사를 일관성을 있게 하는 것도 좋지만 때로는 여유롭고 융통성 있는 생각이 필요하다. 마음을 지혜롭게 쓰면 잘 풀려 나갈 일을 욕심과 집착에 매달리면 마음이 상하고 시간을 낭비하며 고생을 한다. 일상생활에서 어떤 일을 하려면 한 생각에 억매이지지 말고 여러 가지 상황을 설정하여 멀리 크게 바라보는 눈이 필요하다는 생각을 해본다.

생활의 매듭이 잘 풀리지 않고 힘들었을 때 종교에 매달린 적이 있었다. 그때는 가족들이 건강하고 함께 생활하는 것이 소중하고 행복한 것인 줄 정말 몰랐다. 남편의 사업만 잘되면 모든 일이 잘 풀리고 행복해지는 줄 알았다. 그러니 감사의 기도는 한 번도 올려 본 적 없었다. 오랜 세월이 지난 뒤 매일 감사의 기도를 올린다는 분의 이야기를 듣고 지금까지 내가 한 기도를 되돌아보았다. 부처님 전에 나아가면 언제나 소원을 말하고 그 소원도 하나가 아니라 생각나는 모든 것을 잘되게 또는 이루어지게 해달라는 욕심기도만 한 것을 깨달았다. 매사에 감사와 고마움을 모르고 산 삶이 부끄러웠다.

종교란 마음의 기둥이며 삶의 지표를 잡아주는 힘이라 생각한다. 무한히 넓은 우주 안에서 존재하는 풀씨 한 톨보다 작은 존재를 인식한 인간이 거대하고 영원한 신을 믿고 의지하려는 삶이 종교생활이리라.

요즈음 생활이 조금 느긋해졌는지 기도생활이 뜸해졌다. 마음이 급할 때 주야로 부처님께 매달린 일을 생각하면 미안함이 가득하다. 내세의 편안한 삶을 위하기보다 현재의 삶에 감사하며 마음의 평정을 찾기 위한 기도를 드리려 애써본다. 하지만 기도를 하려고 앉으면 여전히 어디에 숨어 있었는지 모를 소원들이 밀물처럼 몰려온다. 한 가지 염원만 세우고 기도하려 하여도 아직 중생의 삶을 벗어나지 못한 욕심으로 그렇게 되지 않는다. 언제쯤 공양미 한 봉지에 오천 원, 만원에 매달리지 않고 모두 놓아버리는 진정한 마음의 평정을 찾을 감사기도를 올릴 수 있을까…

내 삶의 버팀목은

양력 1월 1일만 새해로 공휴일이었던 때도 있었다. 음력 1월1일도 민속절로 3일간 공휴일이 되어서 음력설을 지내는 우리에게 반가운 날이다. 모두 바쁘게 생활하다보니 많지 않은 가족이라도 함께할 시간이 어렵지만 그래도 명절엔 모두 모여서 좋다. 올해는 아들이 군 복무 중이라 오지 못하여 보고 싶고 서운하였다. 큰딸 내외와 작은 딸이 와서 놀다 갔다. 작은 딸은 병원 일이 고된지 실컷 자야겠다더니 소원대로 12시간 넘게 잠만 자고 갔다. 모두 떠나고 나니 갑자기 할일이 없어졌다. 어디로 나가볼까 하다 TV를 틀어놓고 깜박 잠이 들었다 깨어보니 가수 이미자 씨의 "노래 40년 공연"이 방송되고 있었다. 마지막 차례로 노래인생 30년을 기념하여 박 춘석 작곡 "노래는 나의 인생"을 이미자 씨만의 특이한 구성진 가락으로 간드러지게 부른다.

"아득히 머나 먼 길을 따라 뒤돌아 보 며는 외로운 길

비를 맞으며 험한 길 걸어서 지금 나 여기 있네.

~~~~~~~ 중략

언제까지나 나의 노래 사랑하는 당신 있음에

나와 함께 걸어가는 노래만이 나의 인생~~"

나는 무엇을 내 인생의 목표로 삼고 여기까지 왔을까 생각해 보았다. 큰 딸을 결혼시켜서 대전에 살림을 차려주고 내려오던 날이 동영상으로 다가온다.

저녁을 먹고 출발하였다. 큰 시누님과 둘째시누님 부부가 동행하여 아주버님이 운전하는 승용차로 내려왔다. 경부고속도로 내려오는데 그날따라 보름달이 어찌나 밝은지 형용하기 힘들 지경이었다. 달빛에 비쳐진 차창 밖으로 스치는 도로 주변의 경관이 결혼 30년 세월을 비쳐주는 거울처럼 지나갔다. 내 표정이 어떠했던지 큰 시누님이 "미라 두고 오니 섭섭하제, 실컨 울어라."하셨다. 딸과는 서울로 대학진학을 하면서 헤어져 살아온 날이 많아서였는지 아니면 과년한 딸을 결혼시켜 그런지 헤어짐의 슬픔보다 이제 제자리에 앉혀 주었다는 안도감이 몰려왔다. 아이들 한창 공부할 시기에 남편의 사업이 어려워 어떻게 지냈는지 가늠할 수가 없었다. 큰애는 서울에서 둘째는 의학공부를 막내도 중학생이었던 그 시절 어떻게 공부를 마쳤는지 상상할 수 없다.

보름달이 온 세상을 환히 비쳐 주며 따라온다. 보름달이 우리를 따라 오는 지 달리는 차가 달을 따라 가는지 알 수 없는 숨바꼭질을
~~~~~~~

하며 달렸다. 환한 달빛에 묻혀있는 고요속의 적막을 온몸으로 느끼기니 행복한 기운이 가득하였다.

사람으로 태어나서 어떻게 살다가야 올바르게 산 삶이라 할까

"언제까지나 나의 노래 사랑하는 당신 있음에

나와 함께 걸어가는 노래만이 나의 인생~~"

이미자 씨의 인생은 노래만이 생명이고 사랑이라 하지만 나의 생명과 사랑은 어디에 두었을까

불교에서 사람은 생로병사의 고苦를 안고 태어난다한다. 한참 아이들 공부하던 때 경제적인 어려움에 생로병사가 기본의 고통이라는 걸 이해할 수 없었다. 친정어머니께서 살다보면 돈으로 해결할 수 있는 게 제일 쉽다 하셨지만 그 말씀은 귀 밖으로 들렸다. 기도도 무조건 달라는 기도만 했을 뿐 감사의 기도는 생각조차 할 수 없었던 때도 있었다. 이제야 경제적 고통은 그런대로 해결할 수 있지만 생로병사가 가장 힘든 근본고통이라는 것을 조금 이해하게 된다.

지금까지 살아온 내 삶의 버팀목은 어디였을까?

남편 자식 가족들의 삶에 매달리다 훌쩍 세월이 흘렀다. 젊은 시절 그 많던 꿈들이 내 자신이 어디에 서 있었는지 잊어버리고 삶의 현실에서 하나하나 접어져갔다. 노래를 들으며 영원한 숙제의 길인 인생의 미로를 그려본다.

할머니 노릇

"할머니~ 오늘 게임하자."

"몇 번"

"열 번"

"아니, 다섯 번만 하자. "

"그럼 , 다섯 번 하자." 손자는 아쉬운 표정을 짓는다.

"그래 꼭이다. 더 하기 없기다."

손자와 하는 게임이래야 유치원, 초등학교 일학년 정도의 어린이가 좋아하는 영국의 토마스*Thmas* 기차놀이 장난감 책에 실린 주사위 놀이다.

난이도가 다른 여러 종류의 놀이판이 있어 처음에는 단순히 1번에서 30번 까지 주사위를 던져 숫자 나오는 대로 나아가 최종점에 먼저 닿는 사람이 이기는 게임을 했다. 그러다 차츰 난이도가 높은 게임으로 발전하였다. 중간 지점의 표기에 따라 쉬어 가기도 하고 몇 번 물러나기도 하며, 상대편에게 한번 또는 두 번의 기회를 주기도 한다. 도착점에 닿아 이겼다 할 때 다시 시작점으로 되돌아가야 하는 함정에 빠져 승리를 놓칠 때도 있다.

어느 덧 우리는 이 게임 판을 좋아하게 되었다. 나이에 상관없이 쉽고 무난한 것보다 난이도가 높아 마음을 졸이는 모험적인 게임을 좋아하게 되었나보다. 게임을 시작하면 손자는 반드시 카운터를 한다. 한 점이라도 이길 때까지 해야 그만 둔다.

슬하에 일남 이녀를 두었으니 내 나이에 적어도 일곱, 여덟 명의 손자는 있어야 되겠지만 달랑 외손자 한명 뿐이다.

요즈음 젊은이들은 사회적 경제적 여건이 갖추어 지지 않으면 결혼하지 않고 하여도 자식을 한두 명밖에 두지 않으니 손자의 수는 자꾸 줄어간다. 정말 사회적인 문제인 것 같다. 핵가족 시대라 손자와 많은 날을 보내기도 쉽지 않다. 외국에 살아 여러 날 지내다보니 손자와 게임하는 영광도 누리게 되었다.

어느 날 내가 4대 1로 이기고 그만 하자 하였더니 갑자기

"으~아 앙," 하고 울음을 터뜨렸다. 순간 당황하여

"너 왜 우니?" 하고 물었다.

"할머니, 내가 젓잖아." 하며 더 큰 소리로 울어댄다.

"그렇다고 니가 왜 울어."

"내가 지니, 울지, 내가 이길 때까지 해야지." 하여 정말 당황스럽고 민망하였다. 내가 특별한 기술이나 소질이 있는 것도 아닌데 그저 주사위를 던지다 보니 이겼을 뿐인데….

손자는 6대 7, 또는 8대 9 … 등 한 두 점 이기기 전에는 그만둘 생각이 없다. 그렇다고 일부러 져 주며 승부조작을 할 수도 없고, 오래 하자니 지루하고 지쳐 옥신각신 다투기까지 한다. 듣고 있던 딸과 사위가

"아니~ 게임 졌다고 우는 녀석이 어디 있어. 그리 억지 부리는 게임이 어디 있냐, 즐기면서 하는 게 게임이지" 하며 야단을 친다. 그러면 더 큰 소리로 울어댄다. 정말 황당하고 민망스럽다.

그래서 게임 시작하기 전에 반드시

"할머니가 이겼다고 울면 안한다. 니가 져도 꼭 다섯 번이다."를 다짐한다. 무엇이든 이기고 최고라야 하는 손자에게 학교에서 일등을 할 수도 있고 못할 경우도 있다. 시험을 봐서 100점을 받을 수도 있고 못 받아도 다음에 열심히 하면 받을 수 있다. 지는 것이 결코 나쁜 것이 아니라고 반복해서 설명하지만 일곱 살짜리 손자가 제대로 알아듣기나 하는지….

게임을 하다보면 게임이 우리 삶의 이정표와 닮은꼴이라는 생각이 든다. 순조롭게 가다가 어느 지점에 이르면 물러서야 하고 또 어느 지점에서는 빠르게 몇 칸을 뛰어 넘어 갈 수도 있다. 최종점이 가까워 완전히 이겼다 생각 되어도 시작점에서 다시 해야 하고, 완전하게 지고 끝이라 생각되어도 승리하기도 한다.

몇 년을 지나면 나아지겠지 하고 열심히 살아 어느 지점에 닿아보면 높은 산이 가로 막혀 있고, 더 힘겹게 올라가도 여전히 첩첩 산중, 아니면 처음부터 되돌아가는 아픔이 기다릴 때도 있다. 그래도

돌아가면 새로운 길이 또 열리고… .

이 세상 수많은 사람들이 태어나서 생을 마감할 때까지 순조롭고 편안한 인생을 보내다 가는 이가 몇이나 있겠는가? 건강으로, 경제적으로, 또는 가족을 잃는 아픔을 겪으면서 인내하며 열심히 밝은 미래를 기약하며 사는 모습이 게임 판의 가르침이라 여겨진다.

승부욕이 강한 손자, 집안에 한명 뿐이라 경쟁자도 없다. 어리고 귀엽고 귀하다는 이유로 요구하는 것이면 무엇이든 다 들어주다보니 지가 원하면 떼만 쓰면 된다는 생각이 마음 가득하다.

이제부터 절제하는 방법, 상대편에게 배려하는 마음 등을 가르치려니 힘이 든다. 여러 형제들이 있어 서로 부딪히며 자라나 스스로 깨닫고 배우면 좋으련만, 배우며 자라야 하는 손자도 가르쳐야 하는 어른들도 모두 힘들어 부담이 되며 어려운 것 같다.

사람은 이길 때도 있고 질 때도 있는 거야. 니가 이겼다 생각 되어도 질 수도 있단다. 알아듣거나 말거나 게임하자면 몇 번을 묻고, 다섯 번, 열 번으로 끝내자 약속하지만 손자 앞에서 마음 약해지는 할머니는 손자가 이길 때까지 다섯 번을 넘어 열 번 스무 번도 한다.

친구들과 손자 이야기를 하면서 교육은 아빠 엄마가 시키고 할아버지 할머니는 그저 귀여워만 해주면 된다지만 그래도 좋은 이야기를 해주고 싶은 걸 어쩌지!

"튼튼하게 바르게 잘 자라만 다오… ."

이 한마디의 말이 할머니의 마음이란다.

다기茶器에 그린 한 마당

아침 설거지를 끝내면 햇살 가득한 따사로운 거실에 앉아 차 한 잔 마시고 싶어진다. 코끝 향긋한 커피를 탈까, 고소한 메밀 차, 입안이 매끄럽고 상쾌한 녹차, 가을 향 우려내는 국화차, 골라 마신다. 여자로 주부로 엄마로 태어난 즐거움을 누리는 행복한 시간이다.

모든 근심 걱정 내려놓고 조용히 내 마음 자리 찾아 떠나는 시간이다. 혼자이기에 격식을 차리지 않고 유리 거름 잔에 녹차 잎을 넣고 따끈따끈하게 데운 물을 붓는다. 금방 노르스름한 빛의 액체가 투명한 유리잔을 채운다. 거름 그릇을 들어내고 약간 노른빛이 짙은 녹색의 아름다움을 잔에 따른다. 향긋한 차향을 맡으며 혀끝에 닿는 맑은 찻물의 감미로움에 젖어든다. 커피와 차를 즐기는 문화가 대중화 된 것은 그리 오래 되지 않았다.

여학교 다닐 때에는 가정방문 오시는 담임선생님께 커피 잔 갖추어 대접하는 집은 아주 잘 사는 집이었다. 커피를 마신다는 것이 곧

지식인 상류층 인물로 느껴지는 시절이 있었다. 차를 마시는 공간 '다방'이 있긴 하였으나 특별한 사람들이 출입하는 커피 파는 집으로 생각하였다. 중, 고교생들에게는 출입금지 구역이다. 대학에 입학하여 기숙사 방 언니들이 데려간 학교 앞 음악다방에서 처음 들은 가슴을 녹이듯 애절한 사라사테의 찌고이네르바이젠 바이올린 선율을 아직도 기억한다.

나는 '다방' 이름의 '다茶'자가 '차'의 다른 음인지 몰랐다. 차라면 보리차 밖에 몰랐으니 지금 생각해보니 모르는 게 너무 많았다.

녹차가 대중화되기 시작한 것은 1980년대로 기억된다. 정확하지 않지만 70년대 중반의 어느 해 명절이었다.

조금 무겁게 느껴지는 나무상자가 선물로 배달되어 왔다. 열어보니 도자기 그릇이다. 주둥이가 길고 날렵하며 납작한 것이 손잡이가 양수냄비처럼 달린 주전자와 밥공기보다 작은 입 트인 대접과 간장종지보다 조금 큰 잔 다섯 개와 동그란 받침 나무접시가 들어 있었다. 안쪽은 엷은 갈색 빛깔이고 겉은 위로 흰색 두 줄, 밑으로 구름모양의 동글동글한 물방울 문양을 새겨서 고급스러워 보였다. 밑바닥에는 청파靑坡라 한자로 써 놓았다. 술잔세트도 커피세트도 아니다. 그 시절 결혼하는 신부의 혼수로 커피세트는 필수품이었다. 귀한 선물로 보내주신 것이지만 용도를 알 수 없었다.

잔은 정종 잔으로 쓰면 되겠구나 생각하고 주전자는 그냥 두었지만 주둥이가 길고 날렵하여 깨어져서 버렸다. 값비싼 다기는 수리하여 쓴다는 것을 먼 훗날에야 알았다. 나무 받침대는 아마 딸아이들 소금장난감 그릇이 되었을 것이다. 살림하는 아주머니에게 맡겼으니 그 다음은 알 수가 없다. 선물 주신 분은 우리가 차를 즐겨 마시는 품격 있는 부부로 알고 정성으로 마련해 주었을 것이다. 참으로 미안할 뿐이다.

어젠가 여동생과 조카사위들이 우리 집을 방문했었다. 식사를 마치고 깔끔하게 녹차 한잔 하자는데 차는 있었으나 다기가 없어 미안했던 적도 있었다. 내가 차의 맛을 느낀 지는 그리 오래 되지 않았다. 처음 차를 대접 받았을 때 무슨 맛인지 감이 오지 않아 달콤한 커피보다 싫었다. 어쩌다 녹차를 마실 때면 설탕을 조금 넣어 마시곤 했다.

지금은 차에 대한 글도 읽고 배워 차의 효용성을 조금 깨쳐 여러 종류의 차를 갖추고 있다. 독서를 할 때나 조용히 혼자 있을 시간에는 옛 선인들의 차 마시는 마음과 격식을 찾아 즐겨도 본다.

요즈음은 각 지방에서 열리는 축제 마다 다례 행사가 있고, 대학에는 차를 공부하는 전문학과도 생겼다. 사찰 행사에는 다례가 빠지지 않으니 다 의식을 많이 접한다. 또 여러 곳에서 다투어 가며 도자기 축제에 전통 다기 체험학습을 포함 시키고 있다.

모 대학에서 열리는 차 문화 축제에 참석한 적이 있다. 우리의 전통 차문화를 알리고 정신세계를 맑고 바르게 이끌어주는 역할로 여겨져 아주 좋은 사회 활동이라 생각 되었다. 하지만 지나치게 화려한 복장과 격식이 선택된 상류층 놀이 같은 인상이 풍겨 거리감을 느꼈다.

차 역사를 살펴보면 고려시대의 사찰의식에 차공양이 있었다. 차를 공급하는 관청이 있어 차 문화도 번성하였다. 조선시대에 들어와서 억불정책 영향으로 사라져가는 것을 정조 때 초의 선사가 '동다송東茶頌' '다신전茶神傳' 등을 저술하고 차 문화를 중흥시켜 정립했다. 그러다 일제강점기에 차 문화가 사라질 뻔 했었다.

봄에서 초가을까지는 녹차를, 늦은 가을과 겨울엔 발효차를 마시는 것이 좋다한다. 차 한 잔의 맛과 멋을 노래한 초의 선사의 시 한 수에 빠져 본다.

동다송 제 16송 신상청경身上淸境 (몸이 맑은 경지에 오른다.)

一傾玉花風生腋 일경옥화풍생액
身輕已涉上淸境 신경이섭상청경
明月爲燭兼爲友 명월위촉겸위우
白雲鋪席因作屛 백운포석인작병

옥화 한 잔 기울리니 겨드랑이에 바람일어
몸은 가벼워 이미 맑은 곳으로 올랐네
밝은 달은 촛불도 되고 나의 벗도 되나니
흰 구름 자리 펴고 병풍을 치는구나.

밝은 달빛 아래 흰 구름을 병풍 삼고 구름 자리에 앉아 옥화 잔에 마시는 차 한 잔의 맛과 멋은 바로 신선으로 태어남이었으리라. 세상의 찌든 번뇌 맑은 차향에 모두 씻어낸 선사의 마음이 가슴에 젖

어드니 잠시 선경을 훔쳐보는 듯하다

지난 세월은 차를 마시며 시를 쓰는 것이 수행하는 스님들과 남성들만이 가질 수 있는 특별한 풍류였다. 지금 차 한 잔 앞에 두고 잠시 번잡한 일상에서 벗어나 나를 성찰하고 구원하는 길로 나아갈 여유 있는 좋은 시대의 여자로 태어났음에 행복하다. 향긋한 차향이 맑은 바람으로 방안 가득 채운다. 편안하다.

필요한 자리는

잠옷을 입다 보니 앞섶 두 번째 단추가 없다. 제법 오래된 것 같다. 언제 어떻게 떨어졌는지 모른다. 단추 하나 쯤 잠그지 않아도 별 불편함이 없었기 때문에 무심히 지내온 탓이리라. 평소에 성격이 야무치지 않고 두루뭉수리 하여 대강 맞으면 넘어가는 성미라 어떤 일을 처리함에 깔끔하지 못하는 면이 많음을 나 자신이 안다.

문득 이런 생각을 해본다.

혹시 내가 이 세상에서 사라진다면 어떨까? 역시 별다른 변화 없이 세상은 잘 돌아갈 것이다. 그렇다면 나는 이 자리에 없어도 좋을 별 볼일 없는 존재일까, 떨어져 사라진 단추처럼… 아니다. 이 세상의 모든 존재는 아무리 하잘 것 없는 것이라도 있어야할 위치에 있어야 비로소 빛이 나고 모양새가 갖추어질 것이다. 스스로 위로 해본다.

얼마 전 방청소를 하다 붉은색 둥근 단추 하나를 주웠다. 어디 달려 있던 것인지 알 수 없어 버리지 않고 어딘가 넣어둔 기억이 난다. '아, 그 단추가… . 위아래 단추를 자세히 살펴보니 바로 그것이다. 어디에 넣어 두었는지 도무지 기억에 없다. 이 서랍 저 서랍 마구 뒤져보아도 없다. 마음을 가다듬고 가만히 앉아 명상에 잠기듯 기억을 더듬어 본다. 분명 버리지는 않았는데… . 어디 서랍에 넣긴 넣었는데, 아니 서랍이 아닐지도 모르지… 가방에. 참으로 이상한 일이다. 다른 사람들은 어떤지 몰라도 내가 필요하여 찾는 물건은 꼭 그 자리에 없다.

만나고 싶은 사람, 보고 싶은 사람은 왜 그 자리에 있지 않은 걸까? 심지어 택시 탈 일이 있어 갈 방향에 서서 기다리면 내가 타고 갈 방향의 택시는 한 대도 오지 않고 반대편 차선에선 빈 택시가 윙윙 지나간다. 한참 기다리다 다가오는 차에는 손님이 이미 타고 있다. 그것만이 아니다. 필요한 물건을 찾으면 없는데 필요 없으면 흔하게 있다. 몇 년을 쓰지 않던 물건을 이제 버려도 괜찮겠지 하고 버리고 나면 얼마 지나지 않아 바로 쓸 일이 생겨 버린 걸 후회하게 된다.

이 서랍 저 서랍, 가방 주머니까지 뒤지다 얼마 전 들었던 가방에서 잃어버린 단추를 찾았다. 그때 서랍이 아니라 아무 생각 없이 넣었나보다. 왜 가방 주머니에 넣었는지 어리둥절할 뿐이다.

어찌 되었던 단추를 찾았으니 그대로 두면 또 잃어버릴 것 같아 떨어져나간 자리에 달았다.

'아, 이제야 단추가 제자리를 바로 찾았구나. 모든 사람들이 단추처럼 각각 필요한 자기 자리를 찾아 일할 수 있으면 제몫을 할 수 있을 텐데… .

요즈음 경제가 너무 어렵다 한다. 우리나라 뿐 아니라 전 세계 경제가 모두 불황이라 움츠리고 있단다. 주위에 많은 사람들이 필요한 자기 위치를 찾지 못해 방황하고 있다. 특히 젊은 청년들이 원하는 일자리를 찾지 못하여 도서관에서, 취업 박람회에서 정보를 얻으려 애써 모인다. 일자리가 없어 또는 능력을 알아주는 진정한 인연을 만나지 못하여 내 잠옷에서 떨어져 잃어버렸던 동그란 단추처럼.

일할 수 있는 모든 사람들이 자기에게 알맞은 직장을 찾아 보람을 느끼며 안정된 생활을 할 수 있으면 좋겠다. 능력과 실력을 발휘할 수 있는 필요한 자리가 어디 쯤 인지 찾아서 각자의 자리를 지켜준다면 세상은 밝고 평화롭고 행복한 사회가 되리라.

단추가 두 번 다시 떨어지지 않도록 단단히 달았다.

영국기행문

영국 히스로 공항 / 앤드류 교회 기행
윈저 성 관람 / 옥서포드 방문기 / 윈스턴 처칠경을 만나다
내셔널 갤러리 영국 국립 회화미술관 / 윌리엄 섹스피어 생가 방문

영국 히스로*Heathrow* 공항

런던의 히스로 공항까지는 인천공항에서 대한항공 직항이 안전하단다. 국적기의 항공권 값이 외국 비행기를 타고 다른 나라를 경유하여 가는 것보다 훨씬 비싸다. 국적기를 이용해도 부산에서 출발하니 김해공항에서 인천공항까지 가는 어려움이 있다. 김해공항에서 출발하는 홍콩 비행기로 홍콩을 경유하면 거기서 한 시간 반 머물다 영국행을 갈아타는 번거로움은 있어도 시간과 경비가 많이 절약된다.

두 딸과 아들 사이에 공반전이 붙었다. 딸들은 국적비행기가 요금은 비싸도 엄마 혼자고 영어가 완전하지 못하니 안전한 국적기를 이용하란다. 자기들이 항공비를 부담하겠다면서. 아들은 어머니쯤이면 해외여행도 다니셨고 어느 정도 의사소통도 되니 홍콩항공을 이용하여도 괜찮다고 한다. 더 늦기 전에 외국 비행기로 갈아타는 모험도 해보고 싶었다. 친구들에게 자문해보니 아들 말이 맞다 며

응원을 보낸다.

2009년 5월 8일 새벽 5시 50분 <영국시간>에 홍콩항공CATHY PACIFIC 비행기로 부산 김해공항에서 홍콩을 경유하여 런던 히스로 공항에 도착했다. 비가 조금 내리는 새벽이다. 지구 반대편 이국 공항에서 딸 식구와의 반가운 만남은 큰 행복을 안겨 주었다. 싱그러운 오월의 공기가 코끝을 스치니 약 17시간 여정의 피곤함이 사라졌다. 공항을 벗어나니 노란 유채꽃 들판이 한없이 이어졌다. 영국에서 드넓고 아름다운 유채꽃 밭을 보다니 제주도 유채꽃 들판만 알던 나에게 놀라움이었다. 손자는 차창 밖으로 푸르스름한 새벽 안개비 속에 비춰진 샛노란 유채꽃 벌판을 보며 할머니 '이곳은 천국같애요.' 한다. 어린 손자의 말처럼 잠간 천국에 내린 듯 착각에 빠졌다. 꿈에 그렸다면 이상하고 오랫동안 유럽 여행을 계획했지만 쉽지 않았다. 많은 경비와 건강과 주변 환경을 맞추기 힘들었다.

김해에서 홍콩까지는 필리핀사람들과 중국인을 비롯한 여러 동남아 탑승객으로 만석이었다. 홍콩공항에서 영국으로 가는 동양인 탑승객을 만나지 못하여 영국 게이트를 찾아가는데 힘들었다. 국제미아 될까 약간 두려움도 느꼈다.

김해에서 홍콩까지 약 3시간 걸렸다. 홍콩공항에서 한 시간 30분 머물다 갈아탄 비행기의 좌석은 만석이었지만 한국인은 나 혼자인 듯하였다. 옆 좌석에 친절한 중국인 아가씨 여행객 셋에게 도움을 받아 우리나라 영화 '고속 스캔들'을 보았다. 우리말로 번역한 외국 영화 두 편을 더 볼 수 있어 약 12시간의 긴 비행시간을 덜 지루하게 보냈다. 입국수속을 할 때 비로소 한국인 모녀를 만나니 그들도 무척 반가와 하며 혼자 온 것을 대견해 했다. 이래서 외국 나오면 애국자가 되는가 보다.

중학교 영어 교과서에서 배운 1620년 메이 플라워호 이야기가 생각난다.

태평양과 대서양의 망망대해에서 발견한 신대륙 미국을 세계최대의 정치, 문화, 경제의 대국으로 성장 시킨 나라다. 수많은 식민지를 거느려 해가 지지 않았던 영국의 숨은 힘의 면모를 살펴보고 싶다. 특히 해양문화 어찌 보면 해적문화이기도 한 영국을 알고 싶다.

우리나라 사람들에게 인기 있는 메이커 버버리 코트의 원산지 나라다. 엘리자베스 여왕과 그림처럼 예쁜 성들이 있는 섬나라다. 예쁜 레이스로 장식한 드레스를 입은 공주와 검은 정장 입은 영국 신사들이 화려한 불빛 아래 감미로운 음악에 맞추어 춤추는 왈쯔의 물결을 본다. 대영박물관과 빨간 이층버스들 정말 보고 싶은 게 많다. 시간이 허락하는 대로 서유럽 동유럽 이집트 스페인도 여행할 생각이다. 꿈에 부푼 히스로 공항에 안착하였다.

앤드류 교회 *Andrew Church* 기행

저녁 9시가 지나야 약간 어둠이 깔리기 시작한다. 새벽 4시면 동이 튼다. 6월로 접어들면서 점점 더 낮 시간이 길어져 백야가 시작되는 것 같다.

북유럽 여행했을 때가 6월이라 백야를 경험할 수 있어서 무척 인상적이었다. 유람선에서 저녁 9시가 지났지만 해는 중천에 떠 있어 신기하여 꼭 이승을 떠나 저승에 온 느낌이었다. 영국 런던에서 한 시간 거리인 옥스포드시에 속하는 디드코트는 북쪽에 가까워 백야 현상이 일어난다. 시차적응을 위해 잠자는 시간을 바꾸려고 식구들과 차로 조금 먼 거리로 운동을 나왔다.

1800년대 세워진 오래된 교회 마을 앞에 차를 세웠다.

앤드류 교회 *S.T Andrew Church* 란 조그만 간판이 걸려 있다. 뜰은 우리나라 교회보다 엄청 넓다. 넓은 잔디 마당은 무덤비석으로 즐비하다. 영국은 교회 뜰이 공동묘지로 사용된다. 대부분의 비석들이 오랜 비바람에 씻겨 비문을 읽을 수 없었다. 읽을 수 있는 비석의 글귀가 1800년대이어서 그냥 추정해 본 것이다. 우리키의 두 배 정도 됨직한 사철나무 울타리가 교회를 에워싸고 있다. 넓은 뜰에 비석과 고목들이 제멋대로인데 잔디는 잘 가꾸어져있다. 마침 불어오는 바람에 나뭇잎들이 윙윙 서걱서걱 거리며 스치니 꼭 드라큘라 영화에 등장하는 교회 같아 약간은 무섭고 을씨년스럽다.

건물 외벽의 돌이 오랜 세월 햇빛을 받아 회색빛 검은 돌꽃으로 얼룩얼룩하게 낡아 고색창연하다. 출입문 나무문은 낡을 대로 낡아 나무토막을 군데군데 땜질하여 열면 곧 부서질 것 같았다. 출입구에 교회 일정이 적혀 있어 현재 신도들이 예배 보는 곳이라 느낄 따름이다. 일요일 저녁이라 찬송가와 예배 보는 낮은 음성이 들리고 높은 유리창 너머로 불빛이 약간 흘러나와 신비감이 넘친다.

동서양을 떠나서 사람들은 모자람을 채우고 미래에 대한 기약할 수 없는 나약함을 신에 의지하려고 기도한다. 교회는 이러한 사람들의 소망을 이루어주고 사후 세계의 두려움을 없애주는 곳 같다. 현대 과학문명이 아무리 체계적으로 발달하고 우주를 정복한다 하여도 미래를 볼 수 없는 인간은 교회를 세우고 기도할 것이다. 세계 유명한 관광명소가 여러 종교의 교회와 사찰임이 말해준다.

교회 옆으로 예쁜 정원이 있는 붉은 벽돌집들이 푸른 잔디와 어우러져 아름답다. 창문에는 하얀 레이스 커튼이 드리워져 있고 마당에 아름드리나무가 있어 오래된 마을이라 생각된다.

주택은 100년 된 곳이 보통이고 30년 40년 된 집은 새집이라 한다. 딸이 사는 집도 100년이 넘었어도 내부를 리모델링하여 생활에 불편함이 없다. 대부분의 붉은 벽돌집은 1800년대 빅토리아 여왕 시대에 주택보급용으로 지어졌다. 집집마다 푸른 잔디밭이 딸린 잘 가꾸어진 정원을 보면서 정원이 없는 주택은 주택이 아니라는 생각을 가진 나라 같다.

멀쩡한 집을 허물어 고층 빌딩을 짓고 아파트를 세우는 우리와 비교해 본다. 장단점은 모두 있겠지만 겉으로는 오래된 집이지만 안을 들여다보면 잘 가꾸어 편리하게 시대에 맞게 리모델링한 아주 근대적인 집이다. 전통을 중히 여기고 오래된 것을 편리하게 고쳐 쓰는 이곳 사람들의 여유로운 삶을 생각해 본다.

교회를 나와 걸으니 길옆으로 이름 모를 꽃들이 반긴다. 숲길이 우거지고 군데군데 냇물이 노래하고 새들이 지저귄다. 넓은 초원에 양떼들과 젖소들이 무리지어 한가로이 노니는 평화로운 시골마을이다. 히스로공항에서 디드코드까지 노란 유채꽃이 끝없이 펼쳐진 들판을 두고 손자는 이곳을 천국 마을이라 한다. 건초를 가득 채운 농막 앞에는 현대농기구들이 놓여 있다. 간간히 자동차들이 달린다. 자전거를 타고 운동하는 가족들과 유모차에 아기를 태우고 산책하는 모습은 시골이라기보다 휴양지 같다. 여유 있는 삶을 느낄 수 있어 행복한 곳이다. 영국에는 앤드류 이름을 가진 교회가 여러 곳에 있었다. 우리나라의 프랜차이즈 음식점처럼 이곳 교회도 채인 교회일까.

윈저 성 *Windsor Castle* 관람

이른 새벽부터 비가 추적추적 내린다. 종일 맑은 날이 드물어 하루에도 몇 번씩 변덕을 부린다. 햇볕이 쨍쨍거리다 갑자기 구름이 끼고 비가 우두둑 떨어진다. 가랑비가 약간 옷에 젖을 만큼 내리다 언제 그랬냐는 듯 구름을 헤치고 눈부시게 밝은 얼굴을 내민다. 정원의 꽃과 잔디들이 햇빛을 받았다 젖었다 되풀이 하니 항상 씻은 듯 깨끗하고 반짝반짝 윤이 난다. 언제나 형형색색의 아름드리나무들과 꽃들이 춤추는 화려한 잔치를 연출한다.

아침 일찍 일어나 김밥을 준비하고 서둘러 윈저 성으로 간다. 여왕 엘리자베스 2세 부군이 윈저 공이라 붙여진 성의 이름인 줄 알았더니 로마시대 이 지역이 굽어진 언덕 “Windsor Shore” 모양에서 유래했다고 한다.

1087년 정복 왕 윌리엄 공이 이지역의 중요성을 알아 목조성채를 쌓기 시작하여 그 뒤 헨리 2세와 3세가 성축을 개축한 뒤 계속 중 개축을 한 궁전이다. 버킹검궁전과 함께 현재 왕실이 사용하고 있는 최고의 규모를 자랑하는 성이다.

우리가 사는 디드코트에서 약 한 시간 국도를 달려가 윈저 시로 접어들었다. 달리는 길이 어찌 아름다운지 글로 표현할 수 없음이 안타깝다. 도로 양옆으로 우거진 가로수 숲과 그 너머로 끝없이 펼쳐진 푸른 들판에 양떼와 젖소들이 곳곳에 한가로이 풀을 뜯는다. 나지막한 구릉으로 이어진 노란색 유채꽃 밭은 너무 넓어서 지평선이 된다. 노란유채꽃 밭 사이로 초록빛 나무들이 경계선이 되니 더욱 조화롭고 아름답다. 들판 사이로 빨간 지붕과 흰색 벽 집들이 모여 있는 평화로운 마을들이 빠르게 스쳐 지난다. 영국이 섬나라라고 여겨지지 않는다.

영국은 높은 산이 없는 나라다. 산을 깎는 수고로움이 없으니 도로도 쉽게 닦을 수 있을 것 같다. 작은 도시의 길옆 집들도 고층이 없다. 갈색지붕과 하얀 창틀 빨간 벽돌로 지은 이층 아니면 삼층집들이 대부분이다. 창문에는 하얀 레이스 커텐을 드리우고 꽃바구니 화분으로 장식했다. 틈새 땅만 있으면 나무를 심고 잔디를 가꾸어 삶이 여유롭게 보이고 넉넉하게 보인다.

윈저 성에 도착했다.

거대한 석조 건물들의 웅장함에 900년간 계속 잉글랜드 왕실을 지켜온 위엄이 서렸다. 날씨가 좋지 않는 토요일이라 관광객이 적다지만 성 주위가 온통 붐빈다. 도착시간이 오전 11시라 왕실 근위병들의 교대식을 보려는 사람들이 길 양옆으로 쭉 줄지어 섰다. 우리는 교대식 보는 걸 생략하고 바로 안으로 들어갔다. 입장권을 인터넷으로 예약하였으나 관광객이 너무 많아 꽤 오래 줄을 서야 했다. 입장권이 생각보다 비싸다. 현재 사용하고 있는 궁전이라 출입절차가 외국 입국절차처럼 까다롭다.

출입문을 들어서면 자동 궁궐 설명기를 빌릴 수 있다. 한국어로 번역된 설명기는 없다. 그저 눈에 들어오는 만큼 보아야 한다. 중국어 일본어 자동 설명기는 영국관광지 어디에나 있다. 우리나라는 아직 유럽 여러 나라에서 먼 나라다.

성의 상징인 라운더 타워에 국기 유니언잭 깃발이 없으면 여왕이 부재중이고 왕실기인 로열 스탠드가 나붓 끼면 여왕이 있다는 뜻이다. 오늘은 여왕이 부재중인가보다. 로열 훼밀리 국빈들이 체류 중일 때와 국가의 중요한 행사가 있을 경우 관광이 중지될 수 있어 그냥 돌아가야 한다. 오늘 우리는 행운이다.

곳곳의 아름다운 정원과 궁과 궁의 담을 돌아 '퀸 메리 인형관 *Qeen Mary Doll House*으로 갔다. 날씨가 좋지 않아 관람객이 평소보다 훨씬 적다는 데 줄이 한없이 길게 섰다. 한 두 시간 기다리는 것은 보통이란다.

근위병이 서서 출입자의 수를 관의 상태에 맞추어 조절하기에 더욱 느리다. 이 나라 사람들은 어디를 가나 줄을 서서 기다리는데 이력이 난 것 같다. 아무리 느리게 들여보내도 누구하나 불평하는 사람이 없다. 어떤 때는 오랫동안 기다렸지만 도중에 시간이 끊길 때가 있어 돌아가야 하지만 불평하지 않고 따르는 것이 예의다. 우리가 배워야 할 점이다.

첫 관은 왕실의 주거 모습을 한 번에 보도록 만든 축소관이다. 왕의 침실, 여왕의 침실과 왕자와 공주의 방, 하인들의 방, 주방 심지어 화장실까지 정교하게 궁궐의 실제 모습을 재현해 놓았다.

둘째 관부터는 각 방을 실제 모습 그대로 관람하도록 전시해 놓았다.

왕실이 보유한 세계유명작가들의 그림을 전시한 갤러리와 왕궁에서 사용한 영국 본차이나(도자기)의 화려함에 입이 딱 벌어진다. 역대 왕실병사들의 무기와 갑옷들이 전시물이다. 거실과 침실의 아름다운 집기와 내부의 화려한 장식물에다 조각품과 그림을 전시한 박물관이다. 사진은 찍을 수 없고 설명을 들을 수 없어 서운했다.

왕실의 아름다움과 화려함에 감탄하는 나를 보고 사위가 프랑스 베르사이유 궁전이 이보다 더욱 화려하고 웅장하다 하였다. 꼭 관람하리라 마음에 새겼다.

영국왕실은 하루 관광객 입장료만 해도 대단할 것 같다. 근위병이 까만 털모자를 쓰고 인형처럼 서 있는 옆에 함께 기념사진 찍으려는 관람객이 줄 지어 서 있다. 손자 도현이도 기념사진 한 장을 찍었다.

사람이 세상에 태어날 때 선택권이 주어지는 게 아닌데 어떤 인연으로 왕실 가족으로 태어나 평생을 좋은 환경에서 부와 권력을 누리며 세상의 존경을 받다 떠나는 걸까? 인연과 운명에 대하여 생각해 보았다. 왕족으로 태어나 런던탑에 갇혀 살해되었다는 에드워드 5세와 그 동생처럼 불운의 왕족도 있지만.

대한민국에서 태어나 지구 반대편의 땅을 밟고 구경할 수 있는 것도 복인이라 위로하면서 핸리 8세에 의해 완성된 고딕 양식 건물과 런던의 웨스트민트 사원과 함께 왕실 묘지로 사용되는 성 조지 교회의 아름다운 모습 관람을 끝으로 윈저 성을 떠나 레고 랜드*Lego Land*로 향했다.

옥서포드 *Oxford* 방문기

세계에서 역사가 가장 긴 인문학의 명문 옥서포드대학교를 여행할 수 있어 정말 행복하다. 딸과 함께 하니 더욱… .

손자 학교가 끝나는 오후 3시 전에 돌아와야 하기에 서둘러 떠났다. 우리가 사는 디드코트*Did Cot*에서 기차로 15분 거리다.

영국에서 기차 여행하는 것만도 영광이다. 패키지여행에서 경험할 수 없는 모든 게 새로운 추억이고 흥분이다. 달리는 차창으로 스치는 드넓은 초록빛 들판과 정비된 농촌의 한가로운 풍경들이 잘 가꾸어진 목초와 농작물의 들판을 지나치며 이곳 사람들은 언제 농사를 짓는지 의문이 생긴다.

양떼들과 젖소들이 무리지어 풀 뜯는 모습은 보여도 농부들이 일하는 모습은 보이지 않는다. 모든 걸 기계로 한다지만 트랙터 모습도 보이지 않고 오직 광활한 푸른 초원만 눈에 들어온다. 농촌의 여유와 풍성함이 부럽다. 한없이 넓은 초원과 낮은 구릉 우거진 수풀의 지평선 등이 영국이 섬나라임을 잊게 한다.

서기 700년 전 색슨족 여왕 프라이드 와이드*Frides Wide*가 템즈강과 차월강이 합류하는 구릉에 수도원을 세운 것이 옥서포드의 기원이다. 여기에 수도사들이 모이기 시작하여 자연스럽게 대학이 형성되었고 12세기 핸리 2세(1133~89)가 이곳에 산재해 있는 학교들을 통합하면서 세워졌다. 14세기에는 종교개혁의 선구적 역할을 하였다. 16세기에 '유토피아'작가 토마스 모어, 네덜란드 출생 인문주의자 에라스무스 등이 문예부흥의 중심을 이루었다. 19세기이후 여자학교도 설립되었다. 중세부터 현재까지 영국역사를 움직이는 쟁쟁한 인물들이 많이 배출되어 수상 18명중 토니 블레어와 대처 전 수상을 비롯한 16명이 이 대학을 졸업한 사람이라니, 우리나라 같으면 편중된 인사라며 난리나지 않을까. 36개 대학이 도시 여기저기 산재해 있어 모두들 총칭하여 옥서포드대학교라 부르니 옥서포드시 대부분의 건물들이 대학과 대학박물관 건물이다.

하루에 많은 대학을 모두 볼 수 없으니 오늘은 애시믈리앙 박물관을 관람하기로 정했다. 정보에 의하면 런던 대영박물관 축소관으로 알려져 있다.

가는 날이 장날이라더니 보수공사 중이라 문이 닫혔다. 기간이

few month(몇 달) 라고 하니 언제쯤 와야 할지 막연하다. 영국은 정확한 기간을 정하지 않고 공사가 끝나는 날이 기간인가 보다 문화의 차이를 새삼 느낀다.

대학 중에서 가장 큰 클라이스트 철치*Christ Church* 대학으로 발길을 돌렸다. 옥서포드 출신 역대 수상 16명중 13명이 이 대학을 졸업했다니 놀랍다.

옥서포드 거리에서는 모든 사람들이 대학생이 되고 교수가 되고 학자로 느껴진다. 그림이나 사진에서 보던 유럽 중세 풍경 그대로인 거리에 섬세한 조각물로 장식된 파스텔 톤의 건물 사이로 걷는 나도 대학생이 되고 학자가 되고 유명한 교수가 되는 착각에 잠시 빠졌다.

도시 중심거리에 고색창연한 교회 석조건물이 있고 그 뜰 안의 무성한 풀밭에 여러 무덤과 비석 석탑이 세워져 있어 오랜 역사를 말해준다. 그 둘레로 자동차와 사람들이 아무렇지 않게 지나다닌다. 우리 상식으로 도저히 이해할 수 없는 풍경이다. 영국 사람들은 삶과 죽음이 하나로 연결 되어 있으며 현세와 사후의 세계가 하나로 이어져 있음을 인정하고 사는가보다

클라이스트 철치 대학은 재학생과 교직원들이 다니는 정문과 일반 관광객을 위한 교문이 구분되어 있다. 교문에 들어서니 수령이 높은 고목들과 아름다운 정원이 옥서포드의 긴 역사와 전통을 마음으로 일러준다.

방문객에게 입장료를 받고 강의실 안은 볼 수 없으며 내부사진

촬영도 금지되어 있다. (참고로 영국 주요 관광지 건물 대부분이 내부사진 촬영이 금지되어 있음.) 관람 코스가 정해져 있는 것이 우리나라 대학교와 다른 점이다. 중 고등학생 단체 관람객들이 선생님의 지도하에 앞으로 진학할 대학을 꿈꾸며 견학하는 모습이 뜻있어 보였다.

첫 코스 글레잇 홀*Great Hall* ;

겉으로 보기엔 넓은 대학 구내식당이다. 양쪽 벽면에 학교를 빛낸 졸업생과 방문한 유명인사 엘리자베스1세, 핸리 8세, 이상한 나라 엘리스의 저자 루이스 캐럴, 보일 법칙의 보일 오스카 와일드 등의 사진이 전시되어 있다. 높은 천정에는 각 지방의 문장으로 장식되어 있다. 최근에 더욱 유명해진 것은 헬리포트 영화에 여러 번 등장하는 호그와트 마법학교의 식당 장면 촬영지이다. 그래서인지 청소년 학생들이 관람객으로 북적이었다 오랜 역사와 전통이 온몸으로 느껴지는 곳이다.

둘째 관 클라이스트 철치 *Christ Church*관 ;

한마디로 대학성당이다. 입구에 들어서니 파이프 오르간에서 흐르는 은은한 선율이 성스러운 기운이 되어 온몸을 감싸므로 신자는 아니지만 경건함과 기도하는 마음이 되었다. 안내소에 우리말로 번역한 내부의 스테인 글라스의 그림 설명서가 있어 어찌나 반가운지. 스테인 글라스의 화려한 조각은 그리스도의 고난과 교회를 지켜온 인물들의 역사적인 행적을 아름다운 색채로 신비롭게 새겨 놓았다. 모셔진 묘의 관 위에 주인공 생전 모습을 조각으로 전시해 놓았다. 삶과 죽음을 하나로 승화 시킨 듯 느껴지지만 한편으로 으쓱

한 기운도 들었다.

마지막 코스 갤러리; 유명한 화가들의 그림 전시가 아니고 현 작가들의 작품 전시회라 입장료를 따로 받아 그냥 돌아 나왔다. 뒤에 들으니 이 갤러리에 중세의 유명한 화가들의 성화가 많이 전시되고 있다하여 피곤하다는 핑계로 정보를 잘못 들은 걸 후회 하였다.

건물회랑의 정교함이 아름다운 건축물을 뒤로하고 나오니 눈으로 가늠하기 어려운 넓은 초록빛 운동장과 숲의 광활함이 가슴을 펑 뛰게 한다. 끝이 보이지 않는 산책로를 따라가니 탬즈강으로 이어지는 운하가 보였다. 대학생들이 카누를 타며 조정경기 연습을 하고 있다. 물살을 가르는 물결 따라 오리 떼들이 함께 달리고 나의 마음도 반짝이는 물결 위로 평화로움과 부러움이 되어 흘러간다.

수백 년 전통을 이어오는 훌륭한 선배들과 최상의 환경에서 공부하고 연구하는 학생과 교수가 된 분들을 먼 거리에서 바라보며 정말 축복 받은 사람이다 는 생각이 들었다. 내가 젊은 시절 대학을 가야할 나이에 방문 했다면 도전장을 내고 학문에 전념할 기회를 찾아볼 것인데. 괜한 욕심에 빠져 상상해 본다. 발을 디뎌 관광하는 것만으로도 영광스러운데… .

36개의 많은 대학이 조금씩 다르겠지만 모두 옥서포드 대학교이니 다른 몇 대학을 방문하여 옥서포드 2를 쓰고 싶은 마음으로 부러움과 아쉬움을 달래어 보는 하루였다.

윈스턴 처칠*Winston Churchill*경을 만나다

블랜하임 팰리스*Blen Heim Palace*, 팰리스라는 단어에서 영국왕실의 궁전 한곳이려니 생각하고 출발하였다.

옥서포드*Oxford*에서 빨간색 이층버스를 탔다. 몇 년 전 홍콩에서 밤에 오픈된 이층버스 탔었다. 높은 빌딩에서 쏟아져 나오는 불빛이 마치 별빛처럼 아름답고 황홀하여 "와~아"를 연발했었다. 어린이 만화영화 '은하철도 999'를 타는 느낌이 이럴까 했던 기억이 떠오른다. 오늘은 밤이 아니라 낮에 빨간색 이층버스의 이층 맨 앞자리에 앉았다. 옥서포드 대학교에서 한 시간쯤 거리에 위치한 블랜하임 궁전이 있는 우드 스톡*Wood stock*으로 향하고 있다.

숲으로 우거진 가로수를 지나며 길 양옆에 있는 주택들의 아름다운 정원을 위에서 훔쳐보는 재미가 솔솔 하다. 도로가 좁아 무성하게 우거진 가로수 가지가 이층버스 창문을 때리며 스칠 때마다 외손자는 즐겁게 소리를 지르고 깔깔대며 웃어댄다. 여행의 새로운 맛이다.

목적지에 도착하니 높다란 금빛 창살로 엮은 궁전 문이 열려 있다. 까마득히 바로크양식의 웅장한 건물들이 햇빛에 반사되어 황금색으로 빛난다. 하늘은 구름 한 점 없이 푸르다. 영국에서 만나기 어려운 화창한 날씨로 눈이 부시다.

먼저 20분마다 운행하는 동화의 나라에 다닐법한 꼬마열차를 타고 월드가든 관람으로 시작했다.

넓은 잔디밭에 어린이 폴로 경기장 미로광장 등 아이들이 즐겁고 안전하게 놀다 갈 수 있는 공간과 시설이 충분히 마련되어 있었다.

나와 외손자는 작은 공을 채로써 홈에 넣는 어린이 골프 게임인 폴로경기를 하였다. 다음은 사철나무를 다듬어 세운 높은 울타리 장벽 사이로 난 미로에서 목적지로 찾아가는 길 찾기에 나섰다. 목적지를 찾느라 무척 힘들었지만 즐거웠다. 단체로 소풍 온 학생들도 여러 팀이 보였다.

블랜하임 팰리스는 영국에서 왕이 살지 않는 곳에 궁전이란 명칭을 사용한 유일한 곳이며 현재 세계문화유산으로 지정된 곳이다.

스페인 계승전쟁(1704년)에서 전 영국 수상 처칠경의 증조부 말보로후 공작 존 처칠장군이 독일 도나우 강 북쪽의 마을 블랜하임에서 프랑스군을 격파하였다. 그 승전을 기념하여 앤여왕이 우드 스톡 지방에 영지를 하사하여 지은 저택을 승전장소와 같은 이름으로 블랜하임 팰리스라 지어주었다.

윈스턴 처칠경은 사촌집인 이곳에서 1874년 임신한 어머니가 놀러왔다가 갑자기 산기가 있어 낳은 칠삭둥이다. 칠삭둥이로 태어나는 사람은 보통 조금 모자라는 사람으로 인식되지만 조선 세조 때의 한명회와 처칠은 난세의 유명한 재상으로 군림하였다. 칠삭둥이는 약간 모자란 바보 아니면 재상의 운명으로 태어나는 것일까… . 처칠이 태어났다는 이유 하나로 궁전 내부는 온통 그의 관련 전시물로 가득하다. 처칠 경의 육성이 흘러나오고 어린 시절부터 생전의 모습과 친필, 심지어 태어난 방에는 배내 저고리까지 전시되어 있다. 이곳은 그가 태어난 곳일 뿐이다. (kent지방의 chetwell house에서 생활했다함) 그 밖의 다른 방에는 앤 여왕과 말보로후 공작을 비롯한 가족들의 초상화와 생활 집기 천장화 벽화 등을 전시해 놓았다. 모든 것이 영국 왕실 윈저성에 버금가는 궁전이라 여겨진다. 윈저성은 정원을 모두 도시로 분양하여 정원의 규모나 화려함으로 보면 이곳이 오히려 훨씬 돋보였다.

가장 인상 깊은 곳은 서재였다 아니 서재라기보다 도서관이란 표현이 맞을 것 같다. 몇 개의 방으로 이어진 벽에 책장 가득히 수만 권으로 보이는 책들이 꽉 채워져 있다. 우리나라 웬만한 공공 도서관보다 더 큰 규모다.

영국 귀족들은 평민들과 달리 교육을 독점하였으며 대단한 학구

열과 교육열을 바탕으로 오랜 세월 사회를 지배하고 가문을 지속하여 왔다. 그 원동력의 비결이 귀족들의 서재에 숨겨져 있지 않을까.

현재도 전 국민이 풍족하게 사는 것처럼 보이지만 귀족문화권이 형성되어 있다. 상위 20%정도가 사회 지배계급이며 사립학교 교육비가 엄청나게 비싸다. 명문사립학교 출신들이 수상을 비롯한 고위관직과 전문직 대부분을 차지하고 있다. 심지어 신문구독층으로도 신분을 짐작할 수 있다 들었다. 영국은 겉으로는 세계 제일 민주주의 국가이지만 사회 계층 간의 수준이 확실하게 나뉘어 있는 것으로 보였다.

궁전내부 관람을 마치고 궁전 메인가든으로 갔다. 잘 다듬어진 나무들과 분수와 조각이 조화로운 워터 테라스는 그 아름다움에 탄성이 절로 나온다. 우리는 그 정취를 느끼며 벤치에 앉아 가져온 샌드위치와 과일을 먹으며 행복한 햇살을 마음껏 즐겼다.

그 밖에 시클릿 가든 이탈리언 가든 장미정원 호수 등등 2000에이커의 광대한 파크랜드규모의 아름다운 풍경이 도대체 얼마나 넓은 지. 다리가 아프도록 하루 종일 다녀도 건너편 한쪽 멀리 보이는 호수 위의 흰점들이 백조구나 여기고 모두 볼 수 없음이 아쉽다. 문 닫는 시간에 맞추어 궁전을 나왔다.

중등학교 시절 어쩌다 영화관의 대한 늬우스에서 신문과 책에서 또는 라디오를 통해서 만날 수 있었던 윈스턴 처칠경이다. 그의 육성을 들으며 내가 이 자리에 와 있다는 것이 가슴 벅차다.

처칠경의 가문을 접하면서 한 개인의 삶이 역사에 얼마나 큰 발자취를 남길 수 있을까. 지도자 한 사람의 사상과 실천의 힘이 가정과 사회, 국가와 세계사의 흐름에 아주 많은 변화를 주며 개개인의 행복과 불행에 까지도 큰 영향을 끼친다. 그렇다면 위대한 또는 훌륭한 지도자는 어떤 인격과 덕망을 갖춘 분이어야 할까. 지도자 역할의 중요성에 대하여 생각해 보았다.

우리나라는 현재 역사적으로 어떤 위치에 살고 있으며 우리에게 절실하게 필요한 지도자는 어떤 철학을 가진 사람이어야 할까. 오늘 처칠경과의 만남은 많은 것을 보고 배우며 좋은 것을 느끼게 하는 행복한 하루였다.

내셔널 갤러리*National Gallery* 영국 국립 회화미술관

영국에서 가장 우수한 그림들을 광범위하게 소장한 박물관이 내셔널 갤러리다. 런던을 세 번 방문하였으나 관람하지 못한 아쉬움에 특별히 날을 잡았다. 고백하자면 회화와 미술품에 관한 지식과 감상방법을 잘 몰라 애써 들리려하지 않은 탓도 많았다. 갤러리 관광을 따로 온다는 분들도 있는데 내셔널 갤러리를 관람하지 못했다면 후회할 것 같았다. 트라팔가 광장에 있으며 입장료도 없다.

1824년에 설립된 갤러리로 66개의 전시실이 4개 구역으로 나뉘어 있다. 1991년에 완공한 세인즈버리관이 13세기에서 15세기 전시관이다. 갤러리 정면 입구의 중앙 홀을 중심으로 하여 왼편 서쪽관의 전시실이 16세기에서 17세기 전시관이다. 위쪽의 북쪽 전시실은 17세기에서 18세기의 작품을, 오른쪽의 동쪽에 18세기에서 20세기까지의 유명한 화가들의 작품이 전시회 되어 있다. 평면도에 전시관의 번호가 매겨져 있어 그 번호에 따라 가면서 관람하면 된다. 내셔널 갤러리에서 꼭 관람하여야 할 유명작가의 작품을 전시한 방 번호와 작품명을 소개한 책자도 있어 참고하였다.

딸과 외손자가 함께 왔지만 오늘은 천천히 그림감상에 빠지고 싶었다. 어린손자가 지루해할 것을 염려하여 시내 구경을 보내고 나중에 만나자며 헤어졌다. 유명한 그림의 원작을 만난다는 것은 즐겁고 행복한 일이다.

먼저 세인즈버리관에서 시작하였다. 많은 작가의 작품을 모두 감상할 수는 없기에 꼭 감상할 작품을 안내 책자를 보며 골랐다. 미술교과서에 소개된 작품들과 잘 알려진 유명한 작품들을 선택하고 그 그림이 전시된 방을 보물찾기하듯 찾아다녔다. 그러다 찾은 작품 앞에 서면 잃어버린 소중한 기억을 찾은 것처럼 느껴지는 희열이 감동적이다. 레오나르도 다빈치의 '암굴의 성모'는 파리의 루브르박물관에도 똑같은 작품이 소장되어 있다. 어느 것이 원작인지 논란되었으나 루브르박물관이 작품이 원작이며 이곳 작품은 다빈치가 밑그림만 그리고 채색은 그의 제자들이 한 것이라 판명되었다.

미켈란젤로, 산드로 보티첼리 등의 작품을 감상하고 전시관을 옮겨가면서 램브란트, 벨라스케스, 드가, 르누아르, 반 고흐, 모네 등등 많은 작가의 작품과 만났다. 그림들 대부분이 그리스도교의 성화들이어서 주제가 비슷하게 느껴졌다. 성화와 다른 그림 중에서 특히 눈에 익숙한 고흐의 '해바라기' 정물화는 노란 색채가 눈부시게 환하여 마음이 활짝 열리었다. 어떻게 그린 것이 좋은 작품인지 식별하는 안목이 적고 표현과 색채감, 스케치방법 등을 모르기에 미술작품 감상은 나에게 정말 어렵다.

전시회에 가보면 이해되지 않는 그림들이 많이 있다. 고전작품은 그림속의 물체 하나하나가 상징적 의미를 담고 있으며 사실적이라 그런대로 이해할 부분이 있다. 현대작품은 선과 점하나에 많은 이야기가 담겨져 있기에 작가의 사상과 감정 즉 주제를 파악하려면 끝없이 노력해야한다.

흰 화선지에 물감을 장난치듯 뿌려놓은 이해 못할 작품들이 좋은 작품이라 소개될 때에는 나의 머리가 나쁜 탓으로 돌려야 한다. 그림뿐만 아니라 문학작품도 만찬가지다. 시를 읽고 또 읽고 생각하고 생각해도 이해되지 않는 주제의 연결을 만날 때마다 모자람을 맛본다. 아무리 복잡한 현대인의 작품이지만 떠오르는 영감과 표현의 질서가 쉽게 느껴지는 예술작품이면 좋겠다.

오래전 제1회 광주 비엔날레가 열리는 해였다. TV에서 대대적인 광고를 하였다. 우리부부는 미술 비엔날레의 온전한 해석도 모르면서 아침 일찍 광주행 고속버스를 타고 관광 차원으로 갔다. 더운 날씨에 각 전시관 앞에 줄지어 서 있는 사람들이 그야말로 인산인해였다. 미술작품에 문외한인 우리는 하루 종일 관람하는 사람들 대열에 힘겹게 따라 다녔다. 작품을 감상하기보다 기계적으로 그냥 사람들을 따라 다녀야했다. 우리 뿐 아니라 전시장에 온 많은 사람들이 무엇을 보러왔는지 모르는 것 같았다.

오래되어 희미하지만 신문에 소개된 유명한 미술품의 수상작품은 어떤 질서와 구도보다 마음대로 선을 긋고 설치한 듯 보였다. 하얀 천 조각을 널브러지게 걸어놓고 부서진 나무와 프리스틱조각으로 만든 작품이 아마 설치미술이었을 것이다. 이게 미술작품의 범주에 들어가야 하나 하는 의혹이 가는 작품도 있었다. 우리가 무식하여 아름다움을 모르는 탓인지.

예술은 아름다움을 추구하고 표현하는 것이라 생각한다. 추함 속에서도 아름다움이 있고 어려움 속에서도 쉬운 아름다움이 있어 대중이 이해할 수 있는 작품이면 좋겠다는 생각을 해본다.

세계적인 미술관에서 유명한 작가들의 원작을 접하고 그 명작의 향기에 젖어 본 시간은 영혼의 아름다운 길을 찾아 걸어온 듯 마음 뿌듯하였다.

윌리엄 셱스피어*William Shakespeare* 생가 방문

스트랫 포드 어폰 에이번은 옥서포드에서 북서쪽으로 60km 지점 에이번 강변에 있다. 영국이 '인도와 바꾸지 않는다.'고 자랑하는 대문호 극작가 윌리엄 셱스피어가 1564년 4월 23일 태어난 곳이다.

영국에는 스트랫 포드라는 지명이 여러 곳 있지만 이곳을 어폰 에이번을 넣어 길게 부르는 이유는 다른 곳과 차별화하기 위함이다. 즉 그만큼 셱스피어를 자랑스러워하기 때문이다.

대문호가 태어난 곳은 어떤 모습의 마을일까? 가는 내내 흥분되고 궁금하였다.

12시경 에이번에 도착하였다. 푸른 잔디 넓은 공원에 아름드리나무가 그늘을 드리우며 에이번 강줄기를 따라 배를 띄운다. 그 모습이 평범하여 다른 지방과 다를 바 없었다. 관광객이 드문드문 보일 뿐 조용하여 실망스러웠다. 어디가 생가 일까? 잘 못 온 건 아닌지

감감하다. 관광안내소를 찾아 물어보니 맞게 온 것 같은데 이상하다. 이왕 왔으니 선착장에서 유람선을 타려고 차례를 기다렸다. 그런데 우리 앞에 서있는 사람까지 태워 보내고 '오늘은 영업시간을 사정상 줄인다.' 며 팻말을 붙이고 '쏘리, 쏘리' 하며 가버렸다. 정말 어처구니가 없었다. 오는 날이 장날이라더니 무언가 자꾸 어긋나는 기분이다.

섹스피어와의 만남이 이렇게 어려운가. 다시 길을 따라 우리가 있던 곳에서 한 블록을 지나니 새로운 세상이 펼쳐졌다. 넓은 공원에 커다란 섹스피어동상과 그 둘레로 둥글게 작품에 등장하는 캐릭터들 햄릿, 오피리어, 오셀로, 맥베스, 로미오와 줄리엣 등의 조각상이 있다. 높푸른 하늘로 하얀 분수가 치솟아 오르고 붉은 벽돌로 쌓은 아치형 다리 밑으로 에이번 강이 흐른다.

드넓은 푸른 잔디광장 전부가 무대다. 곳곳에서 광대들이 개성넘친 야외공연으로 관객들을 작품 안으로 끌어 들인다. 박수와 함성이 여기저기서 터져 나온다. 우리도 한참 서서 배우의 표정과 관객의 웃음 속에 빠져 들었다. 눈부신 태양 아래 강줄기를 따라 백조무리와 오리들의 행렬이 이어지고 관광객을 실은 유람선들이 한 폭의 그림이 되고 시가 되어 작품을 써 간다. 우리 식구들도 그 속에서 한편의 작품으로 공연하는 영광을 누렸다.

섹스피어 생가는 어디쯤일까. 극장을 새로 짓는다. 공사가 한창인 거리를 지나 그림 같은 동네로 돌아 나오다 갑자기 쏟아져 나오는 인파 속에 파묻혔다. 알고 보니 에이번 중심가 밖을 우리는 여태까지 돌아다녔다.

햇살이 쨍쨍 비치는 푸른 잔디밭무대에서 '말괄량이 길들이기' 공연을 구경하는 행운도 만났다.

에이번 중심가는 수많은 관광객으로 붐빈다. 길 양 옆으로 명품거리가 들어 서 있다. 그 길을 따라 식당들과 선물가게며 상점들이 즐비하다. 규모가 대단하다. 많은 인파를 따라 가다 마침내 섹스피어 생가 앞에 섰다. 무어라 표현할까 감개무량할 수밖에… .

검붉은 색이 도는 방금 스러질법한 목재 건물이 턱 버티고 우리를 맞이한다. 400년이 넘었다니. 뒤에 들으니 2000년 4월에 섹스피어 생가 협회라는 자선단체가 고증을 거쳐 옛날 모습으로 복원한 건물이다.

생가 옆으로 현대식 섹스피어 박물관과 안내 센터가 있다.

입장권을 구매하여 들어가니 양쪽 벽으로 섹스피어 영화작품의 장면들이 동영상화면으로 돌아가고 있다. 계속 따라 들어가니 생가 정원이 나왔다. 정원이라고 하기엔 조금은 초라해 보이는 오밀조밀 가꾸어 놓은 꽃밭이다.

곧 부서질 듯 보이는 나무 빛깔 그대로인 목조건물 입구에서 전통복장을 입은 여자 안내원이 상냥한 미소로 우리를 맞아주었다. 밖에서 보이는 생가는 너무 낡아 빈집처럼 보였지만 관람객들이 끝없이 이어졌다. 삐꺽 삐꺽 소리 내는 약간 불안한 나무계단을 앞사람 따라 오르니 어둠침침한 조그만 탄생 방, 침실, 주방 등의 살림살이가 생전의 역사를 들려준다. 영국의 세계적인 작가 찰스 디킨스와 토마스 하디가 생가를 찾아 유리창에 새긴 사인이 전시되어 있었다. 생가와 전시물은 어렵게 찾아온 방문객에겐 어떤 면으로 보면 기대치를 밑돌았다.

기념품가게에서 셱스피어 얼굴이 새겨진 머그잔을 구입하였다. 이 잔으로 물을 마시다보면 행여 좋은 글을 쓸 수 있을까. 영국 귀족 전통복장으로 단장한 셱스피어 인물조각으로 장식된 연필을 선물용으로 구입하였다.

연필 값을 우리 돈으로 환산해보니 한 자루에 3000원이 조금 더 한다. 물론 머그잔도 꽤 비싼 편이다. 그래도 세계적인 대문호의 혼을 온몸으로 느낌이 감격스럽다. 우리나라 문인들 가운데 셱스피어를 능가하는 문인이 나와서 노벨 문학상은 받았다는 소식이 TV화면과 신문 톱기사로 장식할 날 있기를 기원해 본다. 언제쯤일까? 생전에 훌륭한 문학가로 인정받았던 분이 드물었으니 행여 어디에 숨어 있지 않을까… .

한편으로 생가를 배경으로 잘 꾸며진 관광 상혼이 부럽다. 영국은 주어진 테마를 이용하여 장사를 정말 잘한다는 생각이 들었다.

우리나라도 지방자치제 시행 후 지방마다 지역 출신 유명한 문인들과 인사들을 발굴하여 생가복원과 업적을 기리는 유물박물관을 다투어 설립하고 있다. 어떤 유명인사는 탄생지와 성장지에서 서로 유치하려고 다투는 일도 있다 들린다. 문화사업이 그냥 자치단체장의 업적 쌓기 위함이 아니고 영국처럼 치밀한 구성으로 테마를 살린 관광지로 개발하여 문화도 살리며 지역의 경제도 살리는 사업이 되었으면 좋겠다.

방문록에 한글로 "대한민국 부산에서 온 박 선 자, 감격스럽다." 고 적었다. 섹스피어 작품을 처음 접했을 때 생가방문은 꿈조차 꿀 수 없었기에 오늘이 더욱 행복한 하루로 남는다.

별을 만난 이집트 사막

미아 될 뻔했던 할머니 / 이집트 왕족의 발자취

별을 만난 이집트 사막의 밤 / 아테네 공항 탈출기

지구가 둥글다 / 고궁 박물관 / 옥과 비취의 계곡 태로각

신비의 유적 앙코르 왓 / 성모님과 부처님의 만남

미아 될 뻔했던 할머니

스핑크스와 피라미드의 꿈을 꾸며 5000년 전 역사 속으로 날아간다. 설레는 마음과 두려움을 안고 전국에서 모인 여행객 33명에 친구와 함께 동참했다. 인천공항에서 약 11시간 비행으로 카타르의 수도 도하에 도착하였다. 이집트 룩소르로 가는 비행기탑승까지 약 10시간을 기다려야 한다. 이집트로 가는 길은 멀기도 하다.

도하공항 측에서 지루한 기다림을 배려하여 약 2시간가량 현지 가이드를 동행한 시내관광을 시켜주었다. 2006년 아시아 올림픽이 열렸던 경기장을 구경하였다. 도하 관광은 일정에 없었던 것이니 행운을 만난 것이다.

영국 식민지에서 벗어난 카타르의 수도인 도하는 10년 안에 중동의 싱가포르를 만들겠다는 의지로 곳곳에 공사가 한창이다. 무덥고 비가 적게 내려 건조하므로 살기 힘든 국가였다. 1939년 원유가 생산되고 천연가스의 매장량이 세계에서 최고여서 갑자기 부자가 된

나라다. 왕정세습제다.

지중해 해안인 바닷가는 깨끗하며 잘 정비 되어 있어 휴양도시같이 조용하고 평화로운 인상을 주었다. 모든 야채와 생활필수품을 유럽에서 수입해 쓰기에 가격도 비싸다. 특히 물이 귀하다.

낙타 시장에 내렸다. 우리나라 우牛(소)시장의 모습이다. 순하디 순한 누런 낙타들이 모래사장 위에 서 있는 모습을 사진에 담으며 사람 사는 세상은 어디나 생긴 모습만 다를 뿐 같다는 생각이 들었다. 식용 낙타시장이라 하였다. 낙타는 사막에서 짐만 실어 나르는 줄 알았지만 소처럼 고기도 먹는 다니 사람들이 먹을 수 없는 고기는 세상에 없는 가보다.

재래시장은 우리나라 재래시장과 많이 닮았다. 정겹고 사람 사는 냄새가 물씬 풍긴다. 처음 본 열대 과일을 사려니 말이 통하지 않아 현지 가이드 통역으로 근근이 살 수 있었다. 프랑스 유통 업체인 까르푸 마트가 있어 들어가니 엄청나게 넓고 좋은 시설이 우리나라 백화점 수준이다. 이곳에도 세계의 유명한 대형 마트들이 점유하기 시작하고 있었다. 대형마트의 등장은 깨끗한 환경에서 값싸고 좋은 물건을 살 수 있어 편리하지만 재래시장과 소상인들의 생활터전을 잠식하여 시장경제를 어지럽힐 수도 있다. 우리나라도 대형마트의 등장으로 재래시장이 어렵다. 이곳에서도 머지않아 정겨운 생활 모습을 볼 수 있는 전통시장이 사라져 갈 것 같아 아쉽다.

시내관광을 마치고 비행장청사 안에서 주는 공짜 점심을 이른 시간이지만 먹었다. 음식의 종류가 다양하고 맛있다. 귀한 석유가 평

펑 쏟아지는 부자나라여서 비행장을 거쳐 가는 여행객 누구에게나 대접하는 점심이란다. 카타르는 자기 집에 오는 손님에게는 꼭 식사를 대접하여 보내는 우리 조상들처럼 후한 인심이 묻어있는 나라라 여겨졌다.

이집트 룩소르로 가는 비행기를 타려면 청사 내에서 여섯 시간을 더 기다려야 했다. 너무 긴 시간의 기다림이라 우리가 타고 갈 게이트 구석 자리에 앉아 황량하고 넓은 비행장에서 오르고 내리는 비행기를 바라보며 이런 저런 세상 이야기에 빠졌다. 어쩌다 한 번씩 바라보는 청사 안은 흰색 또는 푸른색의 터번을 쓴 사람들이 밀물처럼 밀려왔다 빠지곤 했다. 우리가 아랍국가에 앉아있다는 실감이 났다. 그러다 많은 시간이 흘렀다 생각되어 둘러보니 우리가 탈 게이트 앞에 있던 일행이 모두 보이지 않았다. 이상하게 생각하고 분주히 찾아보아도 아무도 없었다. 옆 게이트로 찾아가보려 할 때 갑자기 나타난 비행장 직원 같은 사람이 다가와 무턱대고 페스포트를 외치며 내어보란다. 여권을 보고 무조건 빼앗으며 따라오라는 시늉에 그제야 일행 모두의 탑승이 끝난 줄 알았다. 우리 둘만 태운 비행기까지 가는 탑승차 안에서 우리는 그저 크게 웃고 말았다.

우리가 비행기에 가까스로 오르자 출발했으니 우리를 본 가이드의 놀랍고 반가운 표정을 지금은 웃음이 나지만 말할 수가 없다. 우리를 찾는 방송을 세 번이나 했는데 못 들었느냐며 원망 섞인 음성이다. 영어도 아니고 아랍어로 하는 방송을, 우리를 찾을 것이란 생각을 전혀 하지 않고 있었으니 아무리 한들 우리가 알아들었을 수 없었지.

가이드는 전국에서 모인 여행객의 얼굴이 익숙하지 않았고 도하에서 두 사람이 합류하여 인명수를 착각 했다며 우리에게 미안하다 사과하였다. 가이드가 직접 찾아 나서려니 한번 탑승한 사람을 내리지 못하게 하더란다. 마음을 얼마나 애태웠을까. 우리도 미안하기는 마찬가지였다. 나이 많은 할머니들이 잘 살펴 따라주지 못했으니… .

비행기 뜰 시간까지 탑승하지 않았으면 다음 비행기에 탑승시킬 생각이었다니. 만약 조금만 늦었더라면 우리는 얼마나 불안해 떨었을까…. 낯선 도하 비행장에서 미아할머니가 될 뻔했으니 가슴이 철렁하고 아찔했다.

이집트 왕족의 발자취

거대한 피라미드와 스핑크스의 신비함을 볼 수 있다는 생각에 이집트여행을 앞두고 무척 설레었다. 위치가 아프리카의 북동쪽에 있다는 사실과 아프리카대륙에 발을 디딘다는 그 자체마저도 몹시 흥분되는 출발이다.

인터넷이 발달한 지금 우리는 세계 여러 명소의 경치와 역사를 마음만 먹으면 얼마든지 구경하고 알 수 있어 기행문을 쓴다는 자체가 식상하다.

역사시간에 배웠던 세계4대 문명의 발상지 중 한곳으로 나일강을 따라 길게 펼쳐진 유적지다. 유럽을 여행하면서 파리의 콩코드 광장에 세워져 있던 거대한 오벨리스크와 그 밖의 다른 지역에서도 심심찮게 볼 수 있던 오벨리스크들이 모두 이집트에서 나폴레옹이 전리품으로 가져 왔다니 도대체 얼마나 많은 오벨리스크가 있을까 궁금하였다. 나폴레옹은 출전할 때 군대만 동원하는 게 아니고 역사 지리 유적을 연구하는 많은 학자들을 동행하여 정복국의 유명한 유물들을 파괴하지 않고 약탈해 갔다. 길지 않는 생을 대부분 전장에 보내면서 8000여권의 책을 읽었다하니 그의 탁월한 지혜를 짐작해본다. 보나파르트 나폴레옹의 넓은 안목이 수많은 유적들을 오늘날 유럽의 박물관에 자리하게 한 까닭이라 짐작되었다.

우리를 안내한 현지 가이드는 아랍어를 전공하고 카이로에서 석사학위를 받은 아가씨였다. 이집트 역사와 유물에 대하여 목이 쉬도록 설명하는 열정이 여행의 수준을 한 층 높여 주었다.

룩소르는 나일강을 따라 동서로 나뉜다. 고대 이집트인들은 태양이 뜨는 동쪽에는 신전을 지었고 서쪽에는 주로 묘지나 제전을 지었다. 즉 동쪽은 신의 도시이고 서쪽은 죽은 자의 도시, 즉 네크로폴리스*Necropolis*로 왕과 여왕의 거대한 무덤 계곡이 형성 되어 있다.

첫 번째 코스는 합셉수트 장제전이다.

이집트 초기의 여왕 합셉수트는 남편인 투트모스 2세가 죽은 후 어린 아들 투트모스 3세의 섭정을 하다가 스스로 파라오가 되었다. 세계역사 속에 등장하는 힘 있는 여왕 중 한 분이다. 남존여비 사상의 거센 파도를 뛰어 넘어 신하들과 백성들을 지배한 합셉수트 여왕의 통치력은 얼마나 뛰어났을까….

여왕이 자신과 시아버지 투트모스 1세의 부활을 꿈꾸며 건립한 유일한 장례신전은 다이르알바리의 거대한 석회암 절벽아래 3층 계단식으로 세워져 있었다. 풀 한포기 물 한 방울 없는 황량한 모래땅에 세운 무덤이며 신전이다. 이집트의 땅 90프로가 사막이다는 것을 느끼기 시작하였다. 모래 먼지 때문에 아랍인이 쓰는 대형 수건으로 얼굴 전체를 막고 다녀야 했다. 신전 주위는 오랜 세월 묻혀 있던 부속 건축물들을 한창 복원하고 있었다.

카르낙신전 ; 현재 남아있는 고대 신전 중에서 최대 규모의 신전이다. 입구에 양의 머리를 한 스핑크스가 양쪽으로 길게 줄지어 서서 관광객을 맞아 신전 안으로 인도 한다.

원통으로 된 돌기둥에 고대 이집트 문자와 독특한 문양을 새기고, 왕들과 신들의 거대한 얼굴이 관광객인 우리를 압도 시켰다. 합셉수트 여왕과 아들 투트모스 3세의 오벨리스크가 높다랗게 솟아 있었다.

멤논의 거상 ; 피라미드 앞을 지키는 수호신처럼 거대한 바위 위에 앉은 두 개의 조각상이 부서지고 찌그러진 스핑크스 얼굴을 하고 있다. 이 조각상 중에 하나가 트로이의 전쟁영웅 아가멤논을 닮았다 하여 붙여진 이름이다. 본래 이름이 아니고 여행객들이 붙인 이름이란다. 뒤로 큰 사원이 있었다지만 삭막한 모래땅의 벌판만 보일 뿐이다.

룩소르 신전 ; 우리가 머문 호텔 근처에 있었다. 카르낙 신전의 부속 신전이다. 거대하고 장엄하다. 이집트 신전 모두가 거대함은 말로 표현할 수 없을 만큼 웅장하여 기가 질린다. 3천년 4천년 위로 5천년까지 거슬러 올라간다니 그 시절 이 거대한 돌들은 어떻게 운반하여 세웠을까? 도저히 상식이 통하지 않는 유적이다. 여기의 윗부분 잘린 오벨리스크가 나폴레옹 침공 때 파리로 옮겨져 콩코드

광장에 있는 것이라 했다.

왕가의 계곡은 신왕조 시대의 왕들의 공동묘지다. BC 1600~1200년 까지 파라오들이 자신의 무덤이 도굴 되는 것을 방지하기 위하여 사막의 바위산 암굴을 파서 만든 무덤들이다. 그래도 많은 묘소들이 도굴 당하였고 1922년 영국의 고고학자 하워드 카터가 발견한 투탕카멘왕(유명한 황금 마스크의 주인공)의 무덤만 원상태였다. 지금까지 64기 묘소가 확인 되었지만 우리는 그중 3기만 관람할 수 있었다.

무덤 안은 병풍을 둘러 친 것 같이 모든 벽에 묻힌 왕의 일대기와 생활 모습을 그렸고 문자로 기록하였다. 채색도 화선지에 금방 칠한 것처럼 선명하고 아름답다. 영국 대형 박물관에 있는 로제타 석비문의 해석으로 고대 이집트 문자의 모든 내용을 알 수 있다니 놀랍다. 벽에 적힌 글을 모두 읽는다면 얼마나 많은 이야기가 담겨 있을까… 찬찬히 읽어보고 싶어졌다.

관람이 허용된 무덤 앞은 관광객으로 인산인해다. 겨울이지만 낮의 온도는 섭씨 34, 35도를 웃도는 무더운 날씨인데….

이집트의 왕들은 백성들을 위한 정치는 없었다. 등극하면 20년에서 30년을 넘어 더 많은 세월을 내세를 위하여 혼신을 받쳐 신전을 만들고 피라미드와 무덤을 지키는 스핑크스를 세우며 한평생을 보냈으리라.

카이로 기자 언덕에 있는 피라미드는 직접 확인 하지 않고 그 크기를 설명할 수가 없다. 우리가 사진으로 보면 세 개의 피라미드가 나란히 서 있는 것처럼 보이나 먼 거리에서 비스듬히 찍혀서 삼형

제처럼 보일 뿐이다. 스핑크스와 피라미드가 함께 있는 곳도 마찬가지다. 한번 둘러 오는데 모래 바람을 마시며 긴 시간을 걸어야 하기에 먼 곳에서 사진을 찍는 것으로 만족해야 했다. 우리나라 경주의 신라 오릉을 모두 합쳐도 피라미드 한기보다 작을 것이라면 상상이 될 것 같다. 나는 파라미드가 거대한 바위덩어리를 깎아서 삼각형으로 만든 줄 알았다. 돌로 만든 벽돌을 한 장 한 장 쌓아 올린 정성과 기술은 신의 경지로 이해할 수밖에 없다. 세계 7대 불가사의 중 하나로 불릴만하였다.

이집트는 치안이 불안하다. 경찰의 경호를 받으며 유물과 업적을 가장 많이 남긴 람세스 2세가 세운 아부심벨 대신전과 부인을 위해 세운 소신전을 보기 위해서 새벽 4시에 출발하였다. 나일 강의 수위를 조절하기 위해 만든 아스완댐에 침몰되는 것을 유네스코 기금으로 현재의 자리에 그대로 복원하여 옮겨 온 신전이다. 동영상으로 복원할 당시의 상세한 장면을 화면으로 보여 주었다. 절대 권력자 람세스 2세의 위대한 위력을 신전 그림 안에서 여러 번 만난다. 자신의 얼굴을 곳곳에 새겼고, 힘을 과시하기 위해 성기를 크게 그려 표현해 놓기도 했다. 멤피스 박물관 입구의 일층에 다리의 일부가 없어진 거대한 동상도 누워 있다. 영국 대형 박물관에 있는 동상도 람세스 2세다. 고대 이집트 역사에서 여러 면으로 가장 위대한 업적을 남긴 파라오, 우리나라의 세종대왕쯤일까….

피라미드, 스핑크스, 룩소르의 여러 신전과 왕의 계곡에서 본 무덤 안 벽화들, 이집트 문화유산을 어떻게 이해할까? 3천년 4천년 5

천년 전의 기술문명이 현대과학 기계기술처럼 앞서다 사라지고 서서히 발달하여 오늘에 이르렀다면 문화 유적을 이해할 수 있을까?

이집트 국립박물관에서 관람한 집 한 채 크기의 황금 칠을 한 관과 그 안에 겹으로 들어있는 황금 관, 마지막 사체가 있었던 관은 완전한 황금덩이라 했다. 값을 매길 수 없는 유물이다. 거대한 무덤의 여러 방마다 왕이 현세에 사용한 황금과 보석으로 세공한 부장품을 넣어 사후 세계에서 그대로 사용하려 했다니 인간의 물질에 대한 탐욕은 정말 끝이 없어 보인다.

긴 시간을 투자하여 간 이집트여행에서 인류의 위대하고 신비한 문화유산을 보고 인간의 능력이 무한하며 신의 능력에 가까움을 보았다.

별을 만난 이집트 사막의 밤

사막에서 하루 밤을 지세는 기분은 어떨까. 어린 시절 내 마음 속 오아시스는 우거진 야자수 숲으로 맑은 샘물이 솟아나는 마을이며 시원한 바람 사이로 아름다운 새가 날아다니는 곳이었다. 그 곳을 직접 체험한다니 들뜬 기분으로 사막투어 준비를 했다. 침낭과 담요는 필수품이다. 밤과 낮의 기온차가 심하므로 겨울용 두꺼운 잠바와 내의가 여행가방의 반을 채웠다. 큰 가방은 호텔에 두고 배낭에 필요한 물건을 챙겨 넣었다. 물 물티슈 간식 라면 등도 준비하였다.

바하리야 오아시스의 중심 도시까지 약 5시간을 달려간다. 카이로 시내를 벗어나 사막 지대로 들어섰다. 끝없이 펼쳐진 사막 안의 검은 아스팔트길을 달린다. 모래 위를 달릴 줄 알았더니 먼지가 날리지 않아서 좋다. 몇 시간을 달리다 가이드가 창밖 먼 곳에서 신기루현상이 일어난다 하였다. 멀리 눈길이 멈추는 곳에 잔잔한 호수

의 투명한 물빛을 배경으로 낮은 산들이 스쳐 지나고 있었다. 눈을 크게 뜨고 보아도 그렇게 보인다. 진짜 오아시스가 아니고 신기루 현상이란다. 뜨거운 공기가 차가운 공기를 만나 빛의 굴절 현상이 일어나면서 나타나는 착시현상이라 한다. 막막한 사막에서 오아시스를 애타게 찾아다니던 상인들이 신기루현상에 홀려 끝없이 펼쳐진 사막 한가운데를 헤매고 있었다면 얼마나 허망했을까…

두 시간 쯤 달리다 휴게소에 도착하였다. 버스에서 내리니 바닥이 온통 쓰레기장이다. 화장실도 몹시 지저분하다. 우리나라 고속도로 휴게소와 비교할 수가 없다. 그래도 돈을 지불하고 볼일을 봐야 하니 어쩌랴.

버스는 오아시스 마을 바위티로 향해 달린다. 가는 길 곳곳에 작은 오아시스 마을이 보인다. 사막여행을 왔다가 사막이 좋아서 문명생활을 접고 사막민족인 베드윈족 남자와 결혼하여 사는 분의 이야기를 들려주었다.

가이드와 여행객에게 식사를 제공하는 업으로 살아간다니 열악한 환경에 하루 살기도 어려울 텐데… 인연의 끈질긴 고리란 참으로 묘하다.

바위티는 바하리야 사막의 오아시스 중 가장 큰 마을이다. 먼지 모래를 뒤집어 쓴 흑갈색 벽돌집에 거리는 비닐 쓰레기가 날리고 나뭇잎들은 뽀얀 먼지를 먹고 말라 있었다. 오아시스 환상을 싹 가시게 했다. 여행객들이 늘어나면서 사막도 병들어 가고 있단다. 그래도 아이들이 책가방을 메고 다니는 모습이 마을을 활기차게 한다. 닭고기구이와 야채샐러드로 점심을 먹었다. 이슬람교도인 이집트인들은 돼지고기를 먹지 않는다. 심지어 라면도 돼지기름을 사용했다며 먹지 않는다. 매끼마다 나오는 고기는 닭고기와 양고기다. 양고기의 노린내에 질려 닭고기를 끼니마다 먹어야 했다. 아마 일년 먹을 닭고기를 모두 먹었으리라.

우리 일행은 9대의 지프차에 나누어 탔다. 우리를 도와줄 베드윈인들도 필요한 장비를 가지고 승차하였다. 차들이 낡아 어려운 사막 길을 어떻게 달릴까 염려스러웠다. 에어콘도 나오지 않는다. 모두들 넓은 천 수건으로 얼굴을 감싸고 눈만 내어 놓았다. 드넓은 사막 길 위로 행렬을 지어 달리니 TV에서 보던 사막 다큐멘터리의 주인공이 된 기분이다.

모래 언덕 위에 내려 주었다. 모래 속으로 발이 푹 빠지면서 뜨거운 열기가 확 올라왔다. 따끈한 모래를 두 손으로 움켜쥐었다. 손가락 사이로 모래알들이 사르르 빠져 나간다. 사막이 온몸으로 짜릿하게 느껴졌다. 흑갈색 사막을 바라보니 망망한 바다 위에 서 있는 것 같다. 오늘이 음력으로 시월 초엿새 라 초생 달이 낮달로 떠서 우리를 반긴다. 어디에서나 달을 보는 것은 정겹고 그리움을 만나는 순간이다. 한참동안 바라보았다.

얼마쯤 달리니 야트막한 검은 산들이 에워싼 듯 빙 둘러 서 있었다. 말로만 듣던 흑사막이다. 화산 폭발의 영향으로 모래에 철광석 성분이 많아 검게 보인다. 차를 세우고 젊은 분들은 낮은 산꼭대기까지 올랐다. 누런 사막이 아닌 검은 사막 풍경이 참으로 신비롭다. 지구가 아닌 우주의 한쪽 화성이나 달나라로 여행 온 느낌이다.

해가 서서히 질 무렵 하얀 조각품들의 전시장 같은 풍경 안으로 들어왔다. 신비의 땅, 백사막이다. 석회 성분이 많아 사막은 온통 흰색 옷을 입었다.

눈이 내린 듯 하얀 모래바닥은 석회암덩이로 딱딱하다. 오랜 세월 바람에 깎인 바위들이 사람의 흉상과 다양한 동물들의 모양을 연출하는 무대에 서 있다. 초생 달이 떠 있고 붉은 저녁 놀 조명이 비치니 신기하고 신비롭다.

석회석 바위 숲 모래사장에 텐트를 쳤다. 모닥불 주위에 둘러 앉아 배드윈인들과 노래와 춤 공연을 여니 어두운 사막의 밤도 신나고 즐거웠다. 초생 달이 지고 캄캄한 밤하늘에서 쏟아지는 별빛의 향연에 눈이 부셨다.

어린 시절 마당의 평상에서 본 별빛과 오래 전 백령도에서 본 여름밤의 별들은 높은 하늘에 있었다. 지금 사막의 별들은 캄캄함 밤하늘에서 쏟아지는 영롱한 진주알로 반짝이며 사방을 둥글게 에워싸고 있다. 온 세상을 반짝이는 보석으로 지붕을 엮었다. 그 지붕 아래서 모든 사람들이 별처럼 영롱한 빛을 발하며 아름답게 살았으면 좋겠다. 마치 다른 별나라에 온 듯 아늑하다.

멀리 사막 여우의 울음소리가 들린다. 우리처럼 사막을 찾은 여행객들의 모닥불 빛이 멀리 실루엣으로 여기 저기 살아 있다. 지구를 떠난 별을 만날 꿈을 꾸며 아름다운 사막의 밤은 서서히 깊어간다.

아테네 공항 탈출기

– 그리스 기행

서둘러 아테네 공항으로 향하였다. 탑승시간 보다 두 시간 정도 빨리 공항에 도착하는 게 상식이지만 우리는 네 시간 빠르게 간다. 여행객 모두 말이 없다. 아테네 시가지가 한산하다. 처음엔 일요일이라 그러려니 했는데 그게 아니다. 이른 점심을 먹고 난후 가이드가 미안하다며 현재 그리스에서 일어난 시위사태를 설명하였다.

아테네 시민 데모대가 그저께 공항 관제탑을 점령하여 아테네 공항을 마비 시켰다. 도저히 상식으로 이해되지 않았다. 국가의 관문인 비행기 관제탑을 폐쇄하다니… . 더구나 매일 세계의 수많은 관광객이 밀려오는 아테네 비행장에서 일어난 일이라니, 사실이었다.

다행히 아테네 시민들은 데모도 일요일은 쉰단다. 출발이 일요일인 우리 비행기는 그리스에 영향력이 센 두바이 항공기여서 출발할 수 있다는 정보를 받고 비행장으로 급히 가고 있다. 만약 오늘 아테네 공항을 벗어나지 못하면 이탈리아로 가서 어디어디를 돌아 우리나라에 입국하려면 삼사일 더 걸릴 것이라 했다. 뉴스로 듣고 영상으로 보았던 비행기 납치사건과 얼마 전 화산폭발로 유럽항공기가 운항할 수 없어 여행객들의 발이 묶인 안타까운 일이 지금 같은 게 아닐까 염려되며 불안해졌다.

공항에 도착하니 아테네를 떠나려는 승객들로 아수라장이다. 한마디로 인산인해다. 월요일이면 다시 데모가 시작될 것을 염려하여 월요일 떠날 승객들까지 탑승권을 구하려고 모여드니 그야말로 비행장 입구 광장은 아우성이다. 현지 가이드와 우리 가이드가 분주히 뛰어 다녔다. 마침내 탑승구를 통과하여 면세구역에 들어왔다. 북적거려야 할 면세구역이 한산하다. 탑승 표에 찍힌 게이트 앞에서 얌전히 기다렸다. 탑승이 시작되고 비행기 좌석에 앉으니 이제 떠나겠구나. 마음이 놓였다.

그런데 창밖을 보니 공항 전체가 잠든 것처럼 조용하다. 조용하다 못해 고요하다. 시時, 분을 다투며 뜨고 앉을 비행기들이 가만히 서 있다. 시간이 멈춘 것 같았다. 태양만 이글 그린다. 마음이 조마조마하다. 어서 비행기가 이륙해야 할텐데… . 시끄럽게 떠들던 탑승객들도 시간이 지나면서 모두 말문을 닫았다.

이륙할시간이 한참을 지나도 승무원들이 무엇을 하는지 바삐 움직일 뿐 안전벨트를 매라든가 의자 등받이를 바로 세우라는 말이 없다.

신의 나라 그리스, 정말 여행해보고 싶은 나라였다. 파르테논 신전, 민주주의의 시작이었던 아고라. 폴리스, 신들의 전쟁이야기. 아름다운 여신 비너스, 태양의 신 제우스가 사는 도시, 트로이 목마 이야기는 가슴속에 새겨진 사춘기의 낭만이며 꿈이었던 아테네로 나를 이끌었다.

터키의 마지막 여행지 에페소 유적을 관람하고 체스메에서 페리로 히오스로 와서 다시 밤 페리를 타고 아침에 아테네에 내렸다.

에기나 섬 아페아 신전을 향하여 해안도로를 달린다. 오른쪽 창너머 지중해의 푸른 바다는 푸르다 못해 시리다. 멀리 초록빛 섬들이 드문드문 지난다. 왼쪽으로 보이는 낮은 언덕에 붉은색과 푸른 지붕을 이고 있는 하얀 집들이 숲속에 그려진 듯 아름답다. 굽이굽이 해안선을 휘돌아가는 버스에서 바라보는 풍경이 여행객의 마음을 낭만과 그리움으로 채운다.

포구 안은 요트들이 가득 정박해 있다. 80에서 90프로 가구가 요트를 소유하고 있단다. 여름방학을 끝낸 학생들의 얼굴이 까맣게 그을지 않으면 요트가 없는 가난한집의 자녀로 전락된다. 그런데 제일 작은 요트 정박비가 일 개월에 우리 돈으로 약 일백만원 들어간다니 그리스 국민의 소비생활 수준은 얼마나 될까 잠시 생각해 보았다.

재치 넘치는 현지가이드가 신의 목소리라 부르는 그리스 출신 나나무스꾸리의 히트곡 음반을 들려준다. 사랑의 기쁨, 하얀 손수건, 돈데 보이, 러브미 텐더, 등 귀에 익숙한 감미로운 멜로디에 취하여 바라보는 해안선은 더욱 아름답다. 행복한 마음이 짜릿하게 스며든다. 얼마를 지나다 가이드가 그리스 현지 정세와 시국을 설명하였다. 그리스는 요람에서 무덤까지 복지국가다. 교육은 대학까지 무상교육이다.

대학에 입학만 하면 모든 생활이 보장되어 졸업하는 학생은 줄고 재학생만 늘어났다. 대학교 내에서 저지른 범죄자를 경찰이 수사할 수 없어 마약과 범죄의 소굴이 되어가니 현 정부가 소탕전을 벌였다. 학생이 40세가 넘으면 자연 퇴출하는 법도 적용하였다. 처음에는 사회가 모두 공감 하더니 최근 반대파의 시위가 거세어졌단다. 현재 그리스는 국민들은 부자고 정부가 과도한 복지 정책으로 거들이 났다. 복지에만 예산을 쏟고 일자리 창출 대신 공무원 수를 늘여 부패하고 실업률은 높아져 빈부의 격차가 심해졌다한다. 이 설명은 단적인 예이고 유럽 정세의 복잡한 일들과 얼크러져 혼란스러운 정국이라 했다.

여행 떠나오기 전 지인이 그리스 여행을 말린 심정이 이해되었다. 부유한 집 자녀들이 부모 유산만 믿고 노력 없이 소비만 일삼다 망해가는 형국 같은 나라라는 생각이 들었다. 우리나라의 복지정책도 생각되었다. 그리스만큼의 문화유산도 많지 않고 자원도 적은 우리의 복지 정책은 어디쯤의 기준일까. 서울시장의 무상급식 정책이 국민투표에 부쳐진 일들이 떠올랐다. 모든 국민들이 평등하게 복지를 누리고 살면 그보다 좋은 정책이 없겠지만 현실이 그렇지 못하니 문제라는 생각을 해본다.

이륙시간이 한 시간 자났어도 여전히 기내는 조용하다. 모든 탑승객들은 고요하기만한 창 밖 풍경만 바라보고 있을 뿐이다. 전쟁

영화에서 본 비행기 탈출 사건이 떠오르며 차츰차츰 초조해졌다. 옆에 앉은 친구의 얼굴이 새하얗게 떨리고 있었다. 잔뜩 긴장하고 있는 친구에게

"야, 우리 이러다 뉴스 주인공 되겠다."

농 섞인 말을 건넸지만, 둘 다 웃을 여유가 없었다.

비행기에서 내려야 하면 어쩔까. 걱정할 가족들 얼굴이 떠오르고 우리가 뉴스에 등장하지 않을까 온갖 상념들이 스치고 지나간다.

우리일행은 젊은 교수부부와 노인부부가 여덟 팀이고, 나와 친구 합쳐 모두 18명이다. 모두들 나이 많은 친구 둘이서 먼 여행에 동참한 우리를 어여삐 여겨 많이 챙겨 주었다. 젊은 교수 부부는 저녁 식사 후 호텔 6층에 있는 파르테논신전이 바라보이는 노천카페로 우리를 초청해 주었다.

훈훈하고 시원한 밤바람, 와인 잔 가득 채운 붉은색 칵테일의 달콤한 입맞춤, 친절하고 고마운 사람들과 마주 앉아서 캄캄한 밤하늘에 반짝이는 별빛, 아득히 황금색 레이저 빛을 쏟아내며 다가오는 파르테논 신전을 바라보며 신의 도시 아테네에 와있음을 가슴에 새겼다. 인증 샷을 하며 즐겁고 행복했던 밤, 그들이 불러주지 않았다면 그냥 지나쳤을 것이다. 고마워 우리가 계산하려했는데 먼저 계산을 마친 뒤였다. 꽤 비쌌을 텐데… . 전생에 어떤 소중한 인연으로 만났을까. 우리가 복이 많은 사람인가보다. 다음에 인연이 닿아 갚아 주어야 될 텐데. 정말 고마웠다.

비행기가 덜컹하는 것 같더니 갑자기 어수선하고 승무원들이 웃

으며 다가와 좌석벨트를 매고 의자를 바로 세우라 한다. 좌석벨트에도 불이 켜졌다.

바퀴가 서서히 움직이기 시작하면서 활주로를 내달린다.

몸체가 붕~, 떠오른다. '아~, 무사히 이륙하는구나!'

그 순간의 안도감과 미묘했던 감정을 표현할 수 없다. 얼마의 시간이 흐른 후 하늘에서 내려다보이는 맑고 푸른 지중해의 망망대해는 아무 일 없다는 듯 고요하고 평화롭기만 하였다.

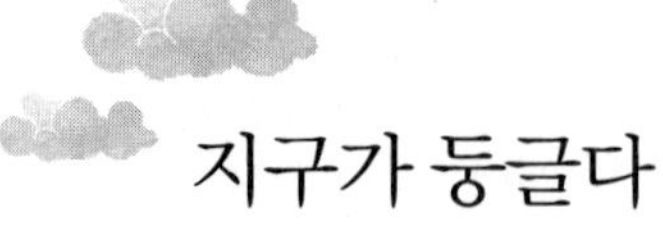

지구가 둥글다

아마 사주에 역마살이 끼어도 단단히 끼었나보다. 별로 골치 아픈 일 주어져 있는 것도 아닌데 그냥 일상생활에서 벗어나 훌훌 털고 여행 떠나고 싶은 마음이 항시 도사리고 있으니.

친구들과 3박 4일 북해도 날짜를 잡으니 하루하루 발걸음이 가볍다. 10월 6일 부산 김해 공항을 이륙하여 북해도(홋카이도) 치톳세 공항에 도착했다. 위도 상으로 우리나라 백두산 위치에 있다 하여 추울 것 같아 겨울옷을 준비하였지만 부산 날씨 정도다. 지구 온난화 현상 때문일까.

공항에서 오타루 운하로 향하였다. 차창 밖으로 울창한 숲이 스친다. 일본 열도 최북단에 자리한 자연경관이 수려한 곳이다. 초가을이지만 아직 나뭇잎들이 짙푸르다. 아름다운 단풍구경은 볼 수 없을 것 같아 아쉽다.

오타루 운하는 1872년 홋카이도에 최초로 부두를 건설한 항구로

1880년 삿포로까지 철도가 개통되면서 삿포로 외항 및 이시카리 탄전의 석탄선적항으로 급속히 발전하였다.

해상화물 하선작업을 쉽고 빠르게 수송 하기위해 건설한 물류항이다. 세월이 흘러 현대적인 부두가 건설되고 대형선박의 화물하역 시스템이 완공되자 운하는 기능을 잃어버리고 방치되었다. 남쪽 절반은 매립하고 운하를 따라 양 옆으로 돌을 깔아 산책로를 만들었다.

즉 옛날 항구도시다. 짐을 싣고 내리던 물길이 항구로써 제 역할을 할 수 없게 되자 양 옆 창고들은 상점이 되고 운하를 따라 가스 가로등을 세워 화려하게 변신 시킨 관광도시다. 우리 일행도 그 길을 따라 기념품가게를 구경하며 걸었다. 많은 여행객이 부딪히며 서로를 구경하며 다닌다. 옛 물길을 따라 남녀노소 모두가 사계절의 낭만을 맛볼 수 있는 편안한 거리라 관광객이 북적거린다. 구경하진 못했지만 밤 풍경이 더욱 아름답다 하였다.

일본을 여행하면서 종종 생각한다. 우리는 대수롭게 생각하고 그냥 두었을 것을 묘하게 멋있게 변화시켜 관광 산업으로 발전시켜 놓았다. 오타루 운하도 그 하나라 생각된다. 그라스(전통 유리제품 민속관)에서 오르골의 아름다운 선율이 울려나오는 제품을 보면서 우리나라도 이런걸 보고 착안하면 무진장으로 관광개발을 할 수 있으리라.

북해도 중심도시 '삿포로' 맥주 공장으로 이동하면서 일제강점기 석탄탄광에 강제징용으로 끌려와 노동력을 수탈당한 우리 선조들의 가슴 아픈 역사 이야기를 들었다. 시음하라 주는 맥주 한잔에 고통당한 우리 민족의 아픈 상처가 쓴맛으로 넘어간다. 가슴이 찡하게 울린다.

일정에 "지구가 둥글다"는 것을 체험하는 곳이 있어 정말 궁금했었다. 해안선을 따라 우리나라 동해안 바닷길 같은 곳을 한참을 달리다 언덕아래 내려주었다. 바다바람이 너무 세차게 불어 옷을 꼭꼭 여미고서야 전망대에 오를 수 있었다. 춥고 막 날아갈 것 같아 저절로 달음박질을 하게 만들었다. "정말 지구가 둥글게 보일까, 어떻게 둥글게 보일까" 밤하늘에 떠 있는 보름달의 한 면을 보듯 둥글게 보일까를 상상하며 전망대 위에 서니 드넓은 푸른 바다가 시원하게 펼쳐져 있다. 우리가 해운대에서 또는 동해안이나 남해안에서 보는 바다와 별다르게 보이지 않았다. 가이드에게 어디를 보고 지구가 둥글다는 체험할 수 있느냐고 물었다. 손을 뻗어 수평선이 일직선이 아니고 둥글지 않느냐며 그것이 지구가 둥글다는 것을 체험하는 곳이란다. 웃음이 나왔다.

부산 해운대와 송정바다에서도 맑은 날 수평선은 선명하게 둥글게 펼쳐있다. 나는 그 수평선을 보고 지구가 둥글기 때문에 그렇게 보인다는 생각을 해본 적이 없다. 그냥 수평선이 그런 줄 알았다. 그러면 일본의 수평선은 모두 일직선으로 보이는데 오직 홋카이도 이곳의 수평선만 약간 둥그스름하게 보일까 생각되었지만 세찬 찬바람을 맞으며 먼 곳까지 달려와 본 이곳 풍경의 체험은 한마디로 실망스러웠다. 함께한 친구들 모두도 어리둥절해 한다. 가만히 생각해보니 해안선이 둥글게 보이는 것이 지구가 둥근 탓이다. 그래도 부산 앞바다 어디서나 볼 수 있는 둥글게 펼쳐진 해안선을 지구가 둥글다는 주제로 많은 시간을 들여 온 여행 일정에 속은 느낌도 들지만 지구가 둥글게 보인다는 주제로 상품화 한 것은 기막힌 아이디어 상품이다.

해운대 바다를 바라보며 선명한 수평선이 둥글게 펼쳐 보일 때마다 저게 지구가 둥글다는 증명이다 하며 친구들과 웃곤 한다.

일본은 우리가 무심코 지나칠 수 있는 별 곳도 아닌 장소도 관광상품화 하여 관광객을 불러 모으는 재주가 뛰어나다는 것을 또 느껴야 했다.

홋카이도의 상점 거리는 중세 유럽 거리를 그대로 옮겨 놓은 것처럼 닮았다. 목조주택의 색깔과 구조, 상품의 진열 모습, 시계탑, 모두가 닮아 있었다. 우리나라보다 훨씬 먼저 유럽의 근대문명과 교역했음을 보여 준다.

특히 자판 알프스의 산악지대인 도야마, 쿠로베 협곡, 다테야마를 여행하면서 케이블카, 터널 버스, 토로코 열차, 고원버스는 스위스의 루체른의 필라투스의 산악지대를 오르내리는 산악 교통수단을 그대로 옮겨 놓은 것처럼 보였다. 외국문화를 발 빠른 교역으로 일본화 시켜 오늘의 경제대국이 되었다. 우리가 배워야 할 것이란 생각도 들었다. 떠나오면서 여건이 주어지면 겨울에 한번 다시 와서 유명한 삿포로의 얼음 축제도 보고 싶다.

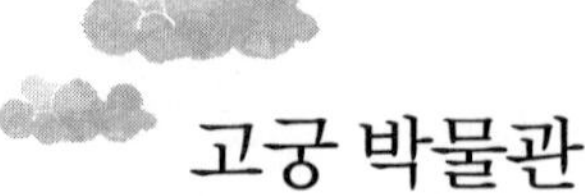

고궁 박물관

김해 공항에서 약 2시간 뒤에 타이페이 공항에 도착하였다. 수도 타이페이 시까지는 한 시간 남짓한 거리다. 창밖으로 멀리 높은 산들이 뭉게구름을 이고 있다. 하늘은 회색빛 구름에 깔려 금방 비가 쏟아질 듯하다. 길 양 옆으로 스치는 바나나 밭과 야자수 열대식물의 가로수들이 마치 제주도 공항에 내려 시내로 들어가는 것과 흡사하다.

시내로 들어가는 길 양옆으로 끝없이 펼쳐져 있는 바나나 밭을 지나면서 우리 아이들 어릴 때가 생각났다. 바나나 값이 얼마나 비쌌던가. 1970년대 내 월급이 4만원쯤(중등교사)이었을 때 바나나 한술 값이 2만원이었다면 지금 믿기지 않을 것이다. 사실이다. 비싸니 귀한 과일이 되어 아이들이 먹고 싶어 하면 낱개를 사 주었다. 그때 바나나 무역했던 상인들은 정말 떼돈을 벌었을 것이라 생각된다. 요즈음 바나나 값을 생각하면 격세지감을 느낀다.

지형이 아시아 유럽지판과 필리핀 태평양지판이 부딪쳐 솟아오른 섬으로 국토의 삼분의 이가 악산이다. 산맥이 북에서 남으로 중앙에 길게 뻗어내려 마치 고구마 또는 담배 잎 같이 생겼다. 가이드의 설명을 들으며 시내로 접어들었다.

고가도로로 들어와서 그런지 건물들이 낮게 보여 고층 건물은 눈에 띄지 않았다. 붉은 황금색 지붕을 한 부산의 코모도호텔을 닮은 아름다운 건물이 반갑다. 가이드가 코모도호텔의 모델이라 한다. 국영호텔로 장개석 총통이 부인 송미령 여사에게 지어준 것인데 장 총통이 서거하고 송미령 여사가 미국으로 이민을 떠나면서 국가에 반납 되었다. 세월 흐르면 아무리 위대한 영웅호걸도 역사 속 인물로 남는 법이다.

시내 중심가를 지나면서 총통의 집무실 건물 앞을 지난다.

우리나라 청와대처럼 대통령 집무실과 거주공간이 같은 곳에 있지 않아 매일 이곳으로 출퇴근 한다 했다. 별것 아닌 것 같지만 총통의 집무실 앞 도로로 일반 버스와 시민들이 자유롭게 왕래 하는 모습을 보며 청와대 앞의 철통같은 경비가 떠올라 비교가 되었다.

타이완은 중국본토에서 모택동이 이끈 공산당과의 내전에서 패한 장개석이 150만 군인과 국민당을 이끌고 1949년에 건너와 세운 나라다. 후퇴하면서 수많은 국보급 유물과 금괴를 가져와 역사의 도시도 되고 군사적 대치와 외교적 고립에도 우리의 IMF같은 시련을 겪지 않은 나라다. 안정되어 보이긴 하여도 퇴색한 건물들의 침침함이 침체된 듯도 보인다.

중국인들의 내실 탄탄 때문일까.

순국선열과 호국의 혼을 위패로 모신 충렬사에 도착했다. 근위병들의 교대식을 보려는 많은 관람객들이 북적인다. 한 시간마다 교대식 하는 군인들의 동작이 로봇인가, 사람인가, 아아 사람이다. 서 있는 모습이 전혀 움직이지 않아 인형처럼 보인다. 아들을 둔 나는 군인들이 저렇게 훈련을 받기까지 얼마나 힘들었을까 생각하니 가슴이 찡해왔다.

고궁박물관으로 향하였다.

영국의 대영박물관, 프랑스의 루브르박물관, 미국의 메트로폴리탄박물관과 함께 세계 4대 박물관이며 아시아에서 제일 큰 박물관이다.

울창한 숲으로 둘러싼 산기슭에 황금색 지붕으로 우뚝 솟아 있어 북경의 자금성이 연상되는 건물이다. 중국 5000년 역사를 간직한 곳이다. 신석기 시대에서 송나라 명나라에 이르는 역대왕조의 국보급 유물들 약 70여 만점이 소장 되어 있다. 한 번에 전시할 수 없어 12,000내지 2만점을 3개월마다 교체하며 전시된다 하니 모두 관람하려면 약 8년 걸릴 것이란다. 오늘의 관람은 변죽만 보고 갈 뿐이지… . 우리는 복잡함을 피하려 4층에서 3층 아래로 내려오면서 관람을 시작했다.

35개의 넓은 전시관은 많은 사람들이 관람하여도 발자국 소리 들리지 않게 설계되어 있다. 2층 전시실 앞에서 만난 당나라 시대의 미인 양귀비상은 통통하게 살찐 얼굴에 조그만 입술을 가진 귀여운 여인이다. 이 여인이 최고의 미인이었다니 요즈음 같으면 비만으로 다이어트 해야 하리라. 미녀의 기준도 시대에 따라 바뀌는구나.

가이드가 입장하기 전에 빠뜨리지 말고 관람해야 할 유적 3점을 추천해 주었다.

1. 배추모양으로 새긴 비취 조각품.

2. 상아요술 상자: 상아로 만든 상자 속에 작은 상자, 그 속에 또 상자가… 아주 작은 상자에 까지 섬세하게 새겨진 무늬가 신비롭다.

3. 은나라 시대의 갑골문자였다.

그밖에도 청나라 시대의 화려한 무늬 청자, 역대의 수많은 조각품과 장식장 그리고 도자기들, 용을 새긴 나전칠기 등 헤아릴 수 없는 보물들이 있었다. 이렇게 많은 보물을 소장한 타이완은 조상들의 유적 유산만으로도 가난 없이 영원히 잘 살아갈 것 같다. 좀 더 많은 관람을 할 수 없어 안타깝지만 아쉬움을 남기고 떠났다.

저녁식사는 몽골 식 바비큐 식당이다. 노릿한 중국 냄새가 난다. 뷔페식으로 양고기, 돼지고기, 닭고기, 쇠고기와 고기에 따라 넣어 먹을 소스가 있었다. 그래도 어느 것을 어디에 넣어 먹는지 몰라 큰 접시에 고기를 모두 조금 씩 담고 소스도 전부 섞어 요리사에게 가져다주니 식탁만큼 큰 커다란 후라이팬에 재빠른 솜씨로 볶아 준다. 맛이 있는지 어떤지 느끼기보다 이국적 음식에 취해 볼 뿐이다.

여행이란 다람쥐 쳇바퀴 돌 듯 하는 일상생활에서 벗어나 다른 세상을 접하여 다른 문화를 배우고 새로운 삶을 경험하면서 생활의

활력을 찾는 길이다. 특히 친한 친구들과의 여행은 저녁마다 모여 그날의 일들을 되새기며 마음 나누는 즐거움이 가득하다. 내일의 일정을 위해 이국의 밤을 짱하면서….

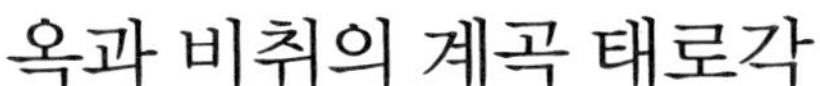

옥과 비취의 계곡 태로각

비가 내렸다 그쳤다 하여 우산을 준비하고 나섰다. 타이완 국내선 비행기로 30분 걸려 태로각 협곡의 관광거점인 화련 공항에 도착했다. 커다란 2층 버스가 우리 8명을 기다리고 있었다. 좌석 한 칸에 한명 식 넉넉하게 앉아 협곡 이쪽저쪽을 넘나들며 구경하는 재미도 최상이다.

태로각 협곡은 타이완의 중부횡단고속도로 동쪽 끝에 위치한 19km의 깊은 계곡이다. 수 억 년간 자연 침식 작용으로 절경을 이룬다. 3000m의 높은 산 여러 곳에서 폭포가 쏟아져 내리고 도로는 굽이굽이 휘어져 뻗어 있다. 천 리 만 길 낭떠러지 절벽 밑으로 흐르는 회색빛 계곡 물빛은 아름답다 못해 어지럼증과 두려움에 다리가 떨린다. 직각으로 선 절벽과 기암괴석이 모두 대리석이다. 검은색 회색 흰색 빛깔이 절묘한 무늬를 드러내는 대리석을 캐어 자르면 아름답고 푸른 빛깔의 옥과 비취같은 보석이 된다. 이 산 전체가 보석이다. 옥과 비취와 대리석이 같은 광석이라니 놀랍다. 우리나라의 큰 건물과 흔하게 대하는 지하철역을 장식한 대리석들이 여기서 나온 것이 아닐까. 타이완은 고궁 박물관의 문화재 소장품 뿐 아니라 자연이 준 선물만으로도 IMF 겪지 않고 먹고 살겠다 생각하니 부러워졌다.

협곡을 따라 들어오니 붉은색 지붕의 장춘사長春寺가 보인다. 터널공사에 투입된 본토에서 패전해온 150만 퇴역군인들 중 희생자와 많은 민간인 희생자의 위패를 모신 절이다. 고향에 두고 온 가족을 그리며 험준한 산속에서 쓸쓸히 사라져간 영혼이 서럽다.

장춘사를 뒤로 하고 천천히 9개의 터널이 이어지는 구곡동에 이르렀다. 차에서 내려 하늘에 닿을 듯 높고 두터운 암벽 산을 뚫어 만든 터널을 걸었다. 맞은 편 절벽에 커다란 회색 구멍이 군데군데 보였다. 연자구燕子口 즉 제비의 집이다. 우리가 어릴 때에 보았던 강남 갔다 돌아온다는 제비의 남쪽 고향이 여기란 말인가 신비하고 놀랍다. 협곡을 돌아 나오며 중간 중간에 개구리 바위, 사자바위, 모자 상 바위 등 수천 년 자연이 조각한 신묘한 조각예술품을 감상할 수 있었다. 고산족 원주민이 경영하는 녹수산장에서 차를 마시고 민예품인 오색 구슬로 수놓은 예쁜 모자도 샀다.

대리석박물관에 들러 옥과 비취 대리석으로 만든 여러 가지 공예품의 아름다움에 취해보았다. 옆 건물에서 아미족 민속공연을 관람하였다. 그들은 고유의 민속춤 공연을 하다 우리를 의식하였는지 조용필의 '돌아와요 부산항'을 한국말로 불러 주었다. 그만큼 우리나라 관광객이 많이 오기 때문일 것이다. 우리의 국력이 세어졌다는 뜻도 된다. 미국과 러시아여행에서 거리의 악사들이 우리를 보면 아리랑을 연주하고 돈을 구걸하는 것을 보았을 때 마음 한구석이 뿌듯해지는 맛을 느꼈다. 우리나라가 대단한 발전을 했다고.

야류 해양 지질공원

북쪽 기륭시 서쪽에 있는 국립 해양 지질공원 야류로 갔다.

바닷가 모래사장에 다져진 사암이 오랜 세월동안 파도에 씻기고 바닷바람에 침식하여 기기묘묘한 조각품을 만들었다. 계란모양의 바위들, 목욕하는 마녀 상, 특히 여왕바위는 목이 가늘어 금방 떨어질 듯 보인다. 자연은 어떻게 이렇게 묘한 솜씨를 발휘하였을까. 안내인이 50년 뒤면 왕관을 쓴 목이 떨어질 것이라 말한다. 무거운 왕관에 목이 짓눌린 여왕의 모습이 애처로워 불쌍하게 보였다. 고단한 삶에 짓눌린 사람들의 모습을 보는 것 같다. 그래서 더욱 아름답고 유명해져 관광객의 발길이 머뭇거리나보다. 무엇이든지 만들어 낼 수 있는 자연의 무한한 솜씨가 부럽다.

야류공원 밖에 있는 어시장을 구경했다. 태산처럼 쌓아놓은 오징어 멸치 김 등 바다 내음과 해산물 냄새가 어우러져 향기롭다.

야류공원을 뒤로하고 달리다 흰 연기를 뿜어 올리는 산들이 보였다. 화산지대였다. 화산지대의 야외 온천장에 들러 유황온천에서 하루의 피로를 말끔히 풀었다.

장개석 총통 기념관

24만평의 대지에 국민성금으로 세웠다. 흰 대리석으로 거대하고 웅장하게 지은 박물관식 기념관이 압도한다. 마침 기념관을 지키는 병사들의 교대식이 열리는 시간이다.

사람인가, 로봇인가 아 아 교대식이다.

총은 무희의 춤사위로 다루니, 그것도 묘기로다.

인형처럼 움직이는 그들의 기계 같은 동작을 보고 신기하기도 하였지만 얼마나 고된 훈련 뒤에 나오는 동작일까. 군대에 아들을 보낸 엄마는 그 모습이 구경거리보다 연민의 정이 울어나 마음이 짠하였다.

일층은 총통의 어린 시절부터 돌아가실 때까지의 사진을 전시해 놓았다. 그중에 박정희 대통령과의 면담 사진도 있었다.

얼마나 외쳤을까!

"중국은 하나다"

쉰 목소리의 함성 들린다.

본토로 돌아갈 날을 꿈꾸며 돌아가신 장개석총통의 마음을 헤아려 보았다.

이제 중국은 거대한 자본시장의 유입으로 경제대국이 되었다. 타이완은 독립된 나라의 인정도 받지 못한다. 1971년 유엔안정보장이사국으로 공산중국이 들어가고 타이완이 빠졌다. 우리나라도 1992년 공산국이었던 중국과 국교를 맺으면서 중국의 눈치를 보느라 국교를 단절하였다. 국제사회에도 영원한 우방과 영원한 친교는 없는가 보다. 작은 섬나라로 국제사회에서 인정을 받지 못하여도 세계외환 보유국 2위이며 세계적인 공업국으로 겉멋에 치우치지 않는 내실이 튼튼한 국가라 했다. 우리나라의 미래를 생각하며 3박 4일의 타이완 여행을 새겨본다.

신비의 유적 앙코르 왓

친구가 한 번 더 가고 싶은 여행지가 캄보디아 앙코르 왓이라 했다. 마침 부산에서 직항이 생겼다.

첫추위가 시작되는 11월이지만 다섯 시간 비행으로 시엠립 비행장에 내리니 열기가 대단하다. 사계절을 모르는 나라로 항상 여름인 이곳은 그래도 11월이 우기도 지나 좋은 기후라 한다. 야자수와 바나나 등 이름 모를 열대림이 지평선으로 펼쳐져 있고 붉은 황토 빛깔의 흙길이다. 비행장은 앙코르 유적지를 찾아오는 관광객을 위해 신설된 작지만 깨끗하였다

첫 여행 코스는 베트남 태국 캄보디아를 잇는 메콩강 줄기에 위치한 동양 최대의 톤레삽 호수 관람이다.

비행기에서 내려다본 황토강 위에 둥둥 떠 있던 푸른 빛깔들 혹시 홍수가 난 뒤인가 했더니 10월까지 우기란다. 아름답게 보면 남국의 정취지만 도로를 따라 창밖에 비친 풍경은 초라한 나뭇잎으로

엮은 벽이 곧 쓰러질 듯하다. 낡은 양철지붕에 어둡고 컴컴한 집안은 가난에 찌들어 보였다. 털털거리는 비포장도로를 달려 톤레삽 호수에 닿으니 검은 얼굴에 반짝이는 눈동자의 어린이들이 우르르 몰려와 "일 딸라"를 외친다. 그 순간 한국동란 시절 "쥬잉 껌"외치던 어린이들이 우리였다 연상되니 가슴 아프다.

유람선 관광이라지만 우리나라 같으면 폐선 되었을 낡은 배를 타고 회색 황토 물길을 가르며 달린다. 호수 위에 떠 있는 수상촌 주위로 양은 물통과 프라스틱 물통을 보-트 삼아 노 젓는 어린이들의 재주에 감탄하고 유람선 주위를 맴돌며 외치는 '일 딸라'에 마음이 시리다. 수평선 저 너머가 수도 프놈팬으로 가는 길이란다. 해질 녘 아름다운 호반의 경치는 가난한 이 나라 백성들의 삶과 오브랩 되어 온다.

우리 일행이 투숙한 호텔은 신축 된 건물이라 깨끗하고 시설도 좋아 불편함이 없다. 앙코르 왓 유적이 세상에 알려지면서 세계 각국에서 관광객이 몰려와 도심지는 활기가 넘친다. 이튿날 일찍 일어나 베란다에서 내려다본 산뜻한 햇살과 한없이 넓게 펼쳐진 도심은 열대림과 어울려 그림처럼 보이고 자전거 타고 달리는 주민들의 얼굴이 해맑다. 가이드 말에 의하면 여기도 관광의 붐을 타고 부동산 바람이 불어 집값 땅값이 치솟고 있다니 사람 사는 세상은 어디나 다를 바 없나보다.

시엠립은 크메르 제국의 근거지로 시엠*Siem*은 태국을 일컫는 말이며 시에림의 의미는 "태국에 의해서 점령된 곳"이라 한다. 9세기에 자야바르만 2세가 크메르 제국을 설립하여 12세기 자야바르만 7세 때 위대한 제국으로 성장하였다. 앙코르란 거대하다는 뜻이며 왓은 사원이란 뜻을 가져 앙코르 제국이라고도 불린다. 자야바르만 7세의 과중한 사원 건립의 토목 공사와 집권층의 부패로 점차 쇠퇴하여 1431년 태국의 침략을 받아 함락되었다.

수도를 프놈팬으로 옮기면서 점차 정글속에 묻혀 전설의 왕국이 되었다. 1860년 프랑스의 여행가 앙리무오에 의해 탐험되어 세상에 알려졌다. 그 뒤 프랑스의 식민통치와 크메르루즈에 의한 공산정권의 통치와 내전으로 지뢰밭으로 남아 앙코르지역은 저주의 땅이 되었다. 1993년 캄보디아왕국으로 재출범 하였다.

앙코르 지역의 거대한 유적 앞에 선다.

앙코르 톰은 거대한 도시란 뜻이다. 한없이 넓은 평야에 수많은 사원과 탑 테라스 왕궁과 주택들 100만의 인구가 살던 곳이다. 그 중 제일 걸작 '바이욘' 사원은 37개의 석탑으로 우리가 보는 그런 석탑이 아니다. 사면의 탑 모두에 자야바르만 7세 자신을 신격화 시킨 얼굴과 힌두교에서 불교로 옮겨가는 시기여서 미소 띤 관세음보살 상이 조각 되어 있다. 큰 바위에 조각한 것이 아니라 검은 사암 덩어리를 벽돌 모양으로 모자이크 하듯 쌓아 만들었다. 중장비 시설도 없었을 터인데 불가사의 한 석조물로 앙코르 제국의 마지막사원으로 남았다. 고대 제왕은 모두 신으로 추앙되길 바랐나보다. 우리나라 역사에도 후백제 견훤과 후고구려의 궁예가 미륵보살이라 칭하였으니 지역이 달라도 제왕의 꿈은 같았나보다.

앙코르 왓은 12세기 초 수리야바르만 2세가 힌두교의 비슈누신에게 헌정하고 자신의 묘로 사용하기 위해 건립된 건축물로 크메르 예술품 중 최고이며 유네스코 지정 세계 문화유산이다. 3층으로 된 웅장한 석조 건물은 일층에서 이층으로 오르는 인간계 계단과 삼층으로 올라가는 천상계의 계단으로 이루어져 있다. 삼층으로 오르는 천상계단은 경사 각도가 70도가 넘어 신들의 세계로 가기 위해선 인간 스스로가 신 앞에 고개 숙여 절하도록 설계되었다. 실제로 올라가 보니 계단이 좁고 높아 손과 발로 엎드려 절하며 기어오를 수밖에 없었다.

회랑 벽마다 빈틈없이 신의 세계와 사후의 세계관을 조각하여 남겼다. 섬세한 조각 솜씨는 화선지에 그림 그린 것 같아 놀랍다

앙코르 제국의 역사는 문자로 남겨진 것이 없어 여기에 조각된 그림과 태국 등 주변 국가의 역사 기록으로 추정할 뿐이라 한다. 우리 조상들이 남긴 삼국사기 고려사 이조실록 등이 새삼 고맙게 여겨진다. 사원 주변의 운하는 바다를 상징하고 중앙 탑은 수미산을 표현하였다. 석양에 비쳐진 호수의 중앙탑의 그림자가 신비로워 관광객들의 샷터가 연신 눌러졌다.

타 프롬*Ta Prom*사원은 12~13세기 초 자야바르만 7세가 어머니를 위해 건립한 사원으로 수 백 년 동안 밀림에 갇혀 있던 흔적으로 거대한 나무뿌리들이 석조 유적을 온통 뒤덮었다. 푸르스름한 돌담과 벽을 휘감아 올라간 수백 년 묶은 나무뿌리로 뒤엉킨 모습들이 장관을 이룬다. 앙코르 유적 사진에서 본 바로 그 사원이 눈앞에 턱 버

티고 서 있다. 영화 "툼 레이더"의 촬영지다. 신비롭다고 할까, 아름답다고 할까? 위대한 예술 앞에 입을 다물 수 없다. 바람 따라 날아온 풀씨 한 알이 커다란 석조 물 위에 떨어져 이렇게 거대한 나무로 자랄 수 있다니 자연의 생명력에 감탄할 뿐이다.

초기의 유적 프레코*Preako* 사원은 일곱 머리를 한 나가(뱀의 신) 상이 입구로 시작된 바콩*Bakom* 신전과 여인을 위한 사원 반떼이 스레이 *Banteay Srey* 등 헤아릴 수 없이 많은 석조 유적 앞에 인간의 힘이 무한함을 느꼈다. 앙코르 시대의 석조물 건축가들은 큰 바위를 오늘날 우리들이 밀가루로 반죽 하듯이 다루었을 지 의문스럽고 놀랍다.

이 유적의 건립으로 얼마나 많은 백성들이 죽어가고 힘들었을까. 만리장성을 쌓은 중국 고대의 진시황제와 앙코르왕국의 자야바르만 7세 로마제국의 건축물을 세운 제왕들이 많은 유적의 건립을 위해 백성을 핍박하고 끝내는 국가를 쇠퇴하게 하였지만 오랜 세월이 흐른 지금 그 유적이 관광 자원이 되어 자자손손 대를 이어 살릴 밑거름이 되었으니 그 제왕의 평가는 어디에 두어야 할까.

캄보디아 하면 영화 "킬링필드"의 해골 무덤과 잔인한 폴폿트의 공산정권이 생각된다. 공산국가가 철수하면서 곳곳에 묻어 놓은 지뢰 때문에 개발이 힘들다. 무한한 지하자원과 인력 등 세계를 놀라게 하는 문화유산을 지녔지만 가난한 나라다. 국가책임을 맡은 지도자의 능력과 이념이 얼마만큼 국민들의 삶의 질에 영향을 미칠 수 있을까를 생각해 보는 여행도 되었다.

유적 복원을 위해 여러 국가가 참여하고 있다는 후문이다. 제발 우리나라 고찰들의 시멘트 화강암 복원처럼 훼손된 복원이 아니길 바랄 뿐이다. 세계적인 고고학자가 참여한다니 그럴 리 없겠지만….

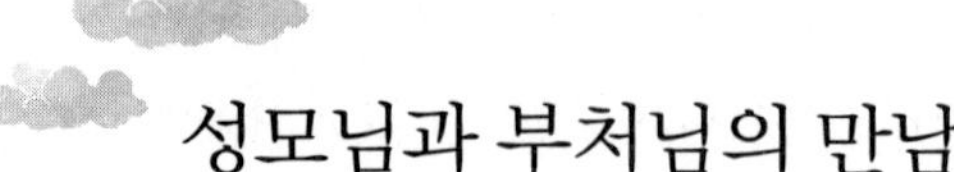

성모님과 부처님의 만남

몬세라트는 스페인 카탈루냐 지방으로 바르셀로나의 서북쪽에 위치한 가톨릭 최대의 성지다. 시내를 벗어나 고속도로를 달리니 차창으로 스치는 공장 지대의 건물과 들판이 유럽풍경과 달리 우리나라 고속도로 주변경치와 비슷하다.

외손자 도현이가 갑자기 "아~ 공룡이다."하고 외쳤다. 조금은 멀리 어마어마한 돌무더기 바위산이 이어지고 있었다. 산 능선이 마치 거대한 공룡이 서 있는 것처럼 보였다.

"와~, 맞다. 공룡이다. 흰색공룡이네. 흰색공룡도 있나?" 맞장구를 쳤다.

자동차를 따라 걸어오는 것처럼 보인다.

산악지대 몬세라트*Montserat*다.

카타루나인들은 '톱니 산'이라 부르고 로마인들은 '신성神聖한 산'이라 했다. 똑같은 바위산이지만 보는 이의 마음에 따라 다르게 보인다. 그저 평범한 산으로 보일 수도 있고 신성한 신神으로 보일 수 있다. 우리가 어떤 사물을 대할 때의 마음자세가 얼마나 중요한가.

먼 옛날 이곳은 바다였다. 지각변동으로 바다 밑이 솟구쳐 육지가 되고 기암괴석의 바위산이 형성되었다. 지금도 높은 산봉우리의 흙에는 조개껍질이 섞여 나온다. 우리나라 강원도 대관령 중턱을 오르듯이 굽이굽이 산을 끼고 돌며 달렸다.

바실리카 대성당이 있는 깊은 산속마을에 도착하였다. 아래로 첩첩 산들이 아스라이 푸르게 펼쳐 보인다. 아주 높고 깊은 산속 신령한 곳에 왔구나. 12시 미사에 참석하여 빈 소년소녀합창단만큼 유명한 몬세라트 수도원 소년소녀합창단 에스꼴라니아의 성가를 들으려고 부지런히 달려왔다.

엄청난 규모의 바실리카 성당은 신자들로 꽉 메워 발 디딜 틈이 없었다. 화려하고 섬세한 성물 조각품과 붉은색 은색 금색 등 다양한 색체가 어우러진 벽과 천장성화들이 신비로워 경건한 마음이 저절로 울어난다. 기대하고 달려온 소년소녀 합창단 공연은 오늘 따라 취소되어 듣지 못하였다.

무슨 소원이든 빌면 이루어진다는 검은 마리아상 라모레네타를 친견하려는 신도행렬이 성당 밖까지 한없이 길게 이어져 있었다. 소원을 이루고 싶은 인간의 마음은 인종과 종교를 초월하나보다.

산 정상 구경부터 하기로 했다. 정상으로 가는 산악열차 이름이

후니쿨라다. 거의 90도 가까운 직선으로 달리는 열차는 층층 계단처럼 생겼다. 후니쿨라를 타고 얌모 얌모(우리말 가자의 뜻)하며 경사진 숲길을 따라 오르니 경쾌한 후니쿨라 노래가 어디선가 들려오는 듯하다.

정상이라 햇볕이 무척 강렬하다. 자갈길이 미끄러워 절벽 아래로 굴러 떨어질 듯 아찔하였다. 흙속 조개껍질 조각들이 얼굴을 내밀며 인사를 한다. 수 억 년 전 바다였노라고. 그때 나무 사이로 파라솔이 보였다.

"아~, 한국 사람이다." 도현이가 반색을 한다. 어린 손자가 영국생활에서 제일 향수병을 앓는 것 같다. 어려서 아무 것도 모를 줄 알았는데, 이모할머니들이 가져온 과자를 한국과자라며 저 혼자 아끼면서 먹었다. 고향과 조국은 나이에 상관없이 그리운 곳인가 보다.

유럽인들은 아무리 햇살이 강하여도 파라솔을 쓰지 않는다. 배낭여행 온 우리나라 학생들이다. 몬세라트 정상에서 만나니 무척 반가웠다.

절벽 아래로 깎아지른 듯 펼쳐진 바위산들이 설악산과 많이 닮았다. 멀리 보이는 기암괴석들은 마치 수많은 부처님들이 기도하며서 계신 듯 보였다. 비바람이 오랜 세월 빚어낸 바위의 형상들이 불교신자인 나에게는 모두 부처님으로 보였다. 가톨릭 순례자들은 그들의 순교자 성인들로 보이겠지만. 바위 밑 토굴 언덕아래에 위치한 여러 동굴교회들이 눈에 들어왔다. 우리나라의 산속 암자가 위치한 곳과 흡사하다.

16세기 종교개혁에 부패한 가톨릭교회를 비판한 수도사들이 신앙을 지키려 산속으로 숨어들어와 지은 곳이다. 종교의 박해 때마다 신앙을 지키려는 스님과 수도사들이 있어 오늘날 종교가 살아있다.

정상에서 내려다보이는 바실리카 성당의 산세가 정말 독특하다. 산정상의 바위들이 성당 위로 금방 떨어질 듯 울퉁불퉁 서 있다. 커다란 바위 덩어리가 바로 성당 지붕 위에 내려 앉힐 것처럼 아찔하다. 설악산 정상에 자리한 봉정암 뒤 절벽위에 방금 떨어질 듯 아찔하게 앉아 있는 큰 바위덩이와 너무 닮았다. 건축물 모습과 바위의 모양이 조금 다를 뿐이다. 부처님과 성모님을 함께 친견한 듯 마음이 편안하였다.

검은 마리아 상(라모레네타)을 보려고 다시 대성당으로 갔다. 길 양쪽으로 성자들의 조각상이 반겨준다. 죠셉 슈비라치(가우디의 뒤를 이어 사그라다 파밀이아 대성당 예수의 수난 파트를 담당한 조각가)가 조각한 성 그로지아 앞에 섰다. 어느 쪽을 보아도 눈빛을 맞출 수 있어 신기하였다.

검은 마리아 상을 참배하려는 긴 행렬은 여전하였다.

라모레네타는 12세기경 카탈루냐에서 조금 떨어진 곳 산타코바 동굴에서 발견된 목조 마리아상이다. 1881년 교황 레오 13세에 의해 카탈루냐 수호 성모가 되었다. 원래 검은색이 아니고 긴 세월동안 신자들이 밝힌 촛불에 그을리어 검어졌다. 마침내 라모레네타 앞에 섰다.

유리 상자 안에 보존되어 있지만 오른쪽 아래 구슬을 만지며 소원을 빌도록 해 놓아 참배자들은 입을 맞추거나 손으로 만지며 간절한 소원을 빈다. 나와 손자도 구슬을 만지며 소원을 빌었다.

손자에게 무얼 빌었느냐 물으니

"할머니, 비밀, 할머니는?" 하며 두 손가락을 입술에 올렸다.

"나도 비밀이다." 하며 크게 웃었다.

그렇다. 소원은 개인의 깊은 마음의 소망이니 비밀이다. 건물 벽과 벽 사이 골목에 소원성취를 위해 밝힌 촛불이 이 활활 타오르고 있었다. 도현이도 촛불 한 자루 사서 밝혔다. 세계 모든 사람들의 소원이 촛불로 타올라 하늘로 이어지기를 빌었다.

아직도 손자의 소원을 밝힌 촛불은 타고 있겠지….

봉정암의 성불

경주 남산 / 선녀의 나라

봉정암의 성불 / 동지의 전설 마하사

경주 남산

어린이 날, 어버이 날, 스승의 날, 성년의 날, 부부의 날, 부처님의 탄신일까지 가장 소중한 날들이 모두 오월에 있다. 살아오면서 고마움을 베풀어 주신 많은 분들에게 무엇으로 보답했던적 있었던가를 생각하며 경주로 향한다. 신라 천년의 역사가 살아 숨 쉬는 곳이며 역사박물관으로 불교예술의 보고寶庫인 남산이 목적지다.

지관전 앞에 산과 들을 향해 싱그러운 맑은 마음으로 달려가고픈 사람들이 모였다. 산악회 버스가 줄지어 서 있다. 하늘은 구름이 약간 끼어 햇빛을 두려워할 걱정 없는 좋은 날씨다.

법당으로 가서 부처님 전에 삼배를 올렸다. 상월원각대조사 영정 앞에 삼배 드리고 대조사님의 표정을 살폈다. 아주 부드러운 엷은 미소를 짓고 내려다보시며 “오늘 산행 즐겁게 조심해서 잘 다녀오너라.” 일러주신다. 언제부터인지 모르지만 절을 올릴 때마다 대조사님의 표정을 읽는 습관이 생겼다. 아주 인자하신 모습으로 싱긋이 웃음 지으며 내려다 보시기도하고, 어떤 날은 무표정하게 그냥 점잖으신 얼굴로 내려다보신다. 화나신 표정으로 호되게 나무라기도 하신다. 오늘은 부드럽게 웃어주시니 요즈음 말로 기분이 '짱'이다.

시내를 벗어나니 차창 밖으로 스치는 초록빛 산과 들에 쌓인 정다운 마을과 드높아가는 푸른 하늘이 모두 정겹다.

어느 새 경주로 들어와서 양지마을 근처에 내렸다. 논길을 따라 한참을 걷다 마을 앞에 이르렀다. 어귀에 "해맞이 마을"이라 써 놓은 팻말이 보인다. 동쪽 서쪽 북쪽으로 한없이 넓게 뻗은 들판은 멀리 낮은 산으로 둘러 쌓여있다. 동네 뒷산인 남산이 우리가 오를 산이란다.

아무리 둘러보아도 산도 바다도 가깝게 느껴지지 않은데 "해맞이 마을"이라하는지 이해되지 않았다. "햇빛이 가장 잘 드는 마을"이라는 뜻이란다. 그렇게 보니 동네가 평화롭고 아늑하게 느껴진다.

논길을 따라 걸어가니 모심기 철이라 농부들이 모판을 찌고 있었다. 선생님 한분이 농부에게 다가가 모를 한주먹 얻었다. 교실에서 키워 학생들에게 실제로 보여 주며 가르치시겠단다. 직업의 사명감은 할 수 없나보다.

남산으로 들어섰다. 시원한 산바람이 살갗에 스며들어 향긋한 풀꽃 향기가 온몸에 저민다. 울창한 숲속으로 잘 닦아진 산길을 따라 계속 오르다보니 계절이 좋아 산길 모두가 등산객으로 넘쳐난다. 어쩌다 돌아보니 우리회원은 보이지 않고 남들 속에 석여 있었다. 내 걸음이 너무 느리나(?) 산등성이로 급하게 돌아서다 일행 몇 분을 만나니 반가웠다. 소나무 그늘아래 앉아 준비해온 과일과 오이를 먹는 재미가 솔솔 하다.

우리는 서로 산나물 이름과 풀꽃 이름을 배우고 가르치며 걸었다. 열매가 쥐똥처럼 쪼그맣고 까맣다 하여 쥐똥꽃이라 부르기도 하는 희고 자잘한 때죽나무 꽃들이 무리지어 피어 있었다. 하얗게 핀 떼죽꽃 무리는 옛날 배고픈 시절 하얀 쌀밥처럼 보여 쌀꽃으로 불렀다. 다이어트 하느라 쌀밥도 마다하는 우리를 저승에서 내려다보고 계실 조상들의 심정은 어떠할까 생각 하니 한없이 미안스럽다. 좋은 시대 좋은 세상에 태어나 온갖 문화생활을 하여도 행복하고 감사함을 망각하고 탐진치貪瞋痴에 빠질 때가 많으니 몹시 부끄럽다. 인간 욕망의 끝은 어디쯤일까?

마침내 정상 "금오정金鰲亭"에 닿았다. 정자에 먼저 오른 등산객들이 옹기종기 모여 점심을 먹고 있었다. 정자에서 내려다보이는 경주 시가는 맑고 아름다운 한적한 역사의 도시로 다가왔다.

땀을 바람에 씻고 하산 길은 너무 평탄한 길보다는 등산의 기쁨을 주는 조금은 험한 길로 가자는 의견에 따라 좁은 숲길을 택하였다,

가파른 계곡을 따라 제법 많이 걸었다. 올 때와 마찬가지로 좁은 등산로 양옆으로 떼죽꽃이 만발하여 떨어진 꽃잎을 한없이 밟으며 내려왔다. 시인 '김소월'은 진달래꽃을 즈려밟았다 하였다. 우리는 무엇을 밟고 내려오냐며 이야기 삼매에 빠지다 길을 잃었다. 온통 바위로 뒤덮인 계곡 골짜기로 들어서서 헤매다 겨우 길을 찾을 수

있었다.

오늘은 남산 어디에서나 볼 수 있다는 신라시대의 아름다운 불상을 한 분도 만날 인연을 맺지 못하여 서운하였다. 산을 거의 다 내려와서야 피폐해진 한 사찰을 만났다. 어쩐 까닭인지 알 수 없으나 희미한 대웅전 글씨의 문은 굳게 닫혀 있어 부처님을 뵙지 못하여 마음 아팠다.

낙엽 썩은 폭신폭신한 산길을 내려와 마침내 종착지 "포석정"에 닿았다.

일천년 전 신라 말기 경애왕이 신하들과 연회宴會를 베풀다 후백제 견훤의 습격을 당한 곳이다. 넓은 바위를 전복 모양으로 조각하여 물길을 흐르게 하고 그 물길을 따라 술잔을 돌렸다니 정말 놀라운 예술품이다. "포석정"을 뒤덮은 포구나무 정자 아래 앉으니 옛 신라 백성의 아픈 함성이 아련히 들리고 호화로운 잔치에 숨겨진 채 고달픈 삶을 살다간 백성들의 가슴이 아픈 몸부림의 영상으로 돌아간다. 옛날이나 지금이나 힘없는 서민들의 허덕거리는 생활은 그대로인 것 같다.

돌아오는 길에 "제2 석굴암" 민속 박물관에 들렀다. 첨성대와 석굴암을 조성한 경위를 쉽게 설명하여 놓은 박물관이다. 신라인들이 작성한 천문지리도가 현재의 별자리와 같이 상세하게 그려져 있어 감탄하였다. 석굴암 둥근 지붕의 과학적인 설계도에 관한 설명을 듣고 신라인들의 명석한 지혜가 경이로웠다.

석굴암의 불상은 중앙의 석가여래 부처님과 부처님 제자, 사천왕

상 모두 32상이 있었으나 일제 강점기에 부처님 상 두 분이 일본사람들에 의해 분실되었다니 하루 빨리 제자리로 돌아왔으면 바랄 뿐이다.

경주 남산은 산 전체가 역사박물관이요. 불교 성지순례길이고 기도처이다. 학창시절 역사시간은 제일 기다려지고 재미있는 시간이었다. 오늘은 먼 기억 속의 역사시간을 만나 남산 곳곳에 자리한 많은 고적을 공부하는 시간이 될것이라는 기대에 부풀었지만 길을 잘못 들어 많은 불상을 만나지 못해 아쉬움이 남는 하루가 되었다. 기회가 주어지면 경주남산을 다시 올 것을 기약한다.

선녀의 나라

매번 산행에 나의 일정이 맞물려 참가할 수 없어 서운했다. 8월 산행 코스는 "성지곡수원지에서 남문 케이블카까지"다. 좋아서 가슴이 콩닥 콩닥 뛰었다. 매주 화요일에 가까운 친구들과 성지곡수원지를 한 바퀴 돌지만 그때마다 "남문으로 가는 길" 팻말 앞에서 돌아 내려왔다. 남문으로 가는 길은 일행이 힘든 코스라 갈수 없다기에 아쉽지만 접어둔 곳이다.

어린 시절 하늘과 맞닿은 높은 산봉우리를 쳐다보면 그곳이 하늘나라 같았다. 그곳에 가면 반짝이는 밤하늘의 별도 손으로 만질 수 있고 별을 가득 따올 수 있을 것 같아 꼭 오르고 싶었다. 하늘나라에 가려고 친구들과 제법 높은 산꼭대기까지 올라가 본적도 있었다. 그렇지만 하늘은 너무 높고 먼 곳에 있었다. 얼마나 더 높은 산에 올라야 하늘에 갈 수 있을까. '선녀와 나무꾼'이 사는 아름다운 선녀의 나라를 하늘나라로 상상하던 그곳은 마음속 깊은 곳에 아련히 깔려 있었다.

10년 만의 찜통더위가 며칠 전 내린 천둥과 번개를 품은 소나기에 녹고 어젯밤 비에 누그러져 오늘 등반 날씨는 그야말로 만점이다.

'남문' 팻말을 지나니 막연히 떠올리며 상상하던 숲이 펼쳐졌다. 울창한 소나무 숲 밑으로 잘 정돈된 쉼터도 있다. 한참을 걸어도 햇볕을 따라 키 재기하는 나무들의 잔치다. '쏴아'하고 코끝을 스치는 숲의 향기를 따라 얼마 쯤 지나니 적당히 높고 험한 바위 길에 꽤 힘이 든다.

이번 산행의 절정인 작은 에베레스트라 불리는 금정산 철학산책로 정상에 서니 멀리 바다 위에 광안대교가 밝은 햇살 아래 눈부시게 떠 있다. 동쪽으로 짙푸른 해운대 앞바다가 길게 누워 헤어진 애인을 만난 듯 반갑게 다가온다. 남쪽 아득히 부산항에는 선박들이 분주하게 드나든다. 북쪽으로 금정구 부곡동 등 부산시 전체가 눈 안에 들어왔다. 순간 나는 신선이 되어 속세를 내려다본다. 아름다운 선녀의 나라에서 선녀로 탄생한 착각에 잠시 젖어 본다. 멀리 산 아래 펼쳐진 굽이굽이 돌아가는 숲길이 마치 내가 살아오고 넘어가는 고갯길처럼 길게 누워있어 한참 바라보았다.

드디어 목적지 금정산 케이블카 종점에 서니 힘든 코스를 넘어섰다는 정복자의 행복감을 마음껏 만끽할 수 있었다.

"아휴~" 그래도 힘이 남아 케이블카 타지 않고 하산했으니 대견할 뿐이다. 유명한 동래 온천물에 속세의 찌들인 땀과 한을 모두 씻어내니 신선이 따로 없다. 시원한 복국에 소주한잔 곁들이니 여기가 바로 선녀의 나라이로구나.

봉정암의 성불

멀고도 험한 여정을 생각하면 선뜻 나설 수 없지만 세월 흐르기 전에 다녀오자는 친구들의 마음을 모아 설악산 봉정암 순례에 나섰다.

1400년 전 신라 선덕여왕 때 자장율사가 당나라에서 부처님의 진신사리를 모셔와 설악산을 기단으로 삼아 오층석탑을 세운 적멸보궁이다.

오래 전 가을에 오대 적멸보궁 성지순례 팀에 참가하였다. 그때 나는 '적멸보궁'이 무슨 뜻인지 모르는 신도였다. 봉정암이 얼마나 멀고 험한 곳에 있는지 몰랐다. 정말 먼 길인 줄 알았다면 동참하지 않았을 것이다. 모르는 것이 약이다 는 말이 맞다. 단지 친구들과 함께 여행할 수 있음이 좋았을 뿐이다. 무릎관절이 몹시 아플 때였다. 병원치료에다 침 등 주위에서 권하는 민간요법을 모두 써 보았지만 쓰는 순간만 조금 나을 뿐이었다. 떠나기 전에 병원에서 진통제 주사를 맞고 출발하였다.

오랜 세월이 흘러 어렴풋하지만 오세암에 신도가 너무 많아 추위에 떨며 칼잠을 잤다. 옆으로 차곡차곡 겹쳐서 자는 게 칼잠이란 걸 알았다. 깔딱고개에 오르자 파란하늘 아래 오색단풍이 너무 고와 탄성을 질렀다. 봉정암에 도착하니 번듯한 법당도 요사채도 없어 고생은 말이 아니었다. 더구나 신심도 없었기에 기도는 생각 밖이었다. 봉정암은 아예 오지 않겠다고 다짐하였다. 그런데 다녀온 뒤 다리가 거짓말처럼 씻은 듯이 나았다. 주위 분들이 성불 받은 것이란다. 워낙 영험한 곳이라 밟고만 와도 정말 성불을 받은 것일까… . 너무 먼 거리라 많이 걸어서 나았을까.

봉정암에 오르는 길은 여러 갈래다. 이번에는 백담사에서 출발하여 가장 수월하고 경치가 좋다는 수렴계곡으로 간다.

버스에서 자는 둥 마는 둥 상념에서 깨니 치악산 휴게소다. 새벽이 희끄무레하게 밝아 오고 있었다. 간단한 운동으로 몸을 풀고 지도스님의 법문, "아무리 힘들고 어려워도 영험한 산이니 간절히 기도하는 마음으로 오르면 소원을 이루며 무사히 다녀올 수 있으리라."에 힘을 싣고 필요한 짐만 챙겼다.

며칠 전부터 내리던 비가 멈춘 뒤라 하늘은 청명하고 숲은 더욱 짙푸르다.

두 시간 쯤 걸어 영시암에 도착했다. 절에서 주는 감자도 먹고 준비해간 간식을 먹으며 휴식을 취하였다. 우리 일행은 시작할 때부터 무리하지 말고 쉬엄쉬엄 가기로 했다. 해질 녘까지 봉정만 가면 되는 거다.

갑자기 왼쪽 발과 무릎에 이상이 생겼다. 걸으면 점점 더 시큰거리고 아파왔다. 마침 친구가 준비해온 발목붕대가 있어 착용하고 무릎에 파스도 발랐다. 아직 갈 길이 멀고도 먼데… . 지금부터 간절한 기도는 어찌하면 무사히 봉정에 오를 수 있을까 다. 아름다운 구곡담 계곡조차 눈에 들어오지 않는다. 마지막 힘을 쏟아 깔딱고개에 오른다. 숨은 턱까지 차고 무릎이 너무 아파 마음대로 걸을 수 없는데 땀은 비 오듯 한다. 뒤를 돌아보니 아찔하여 다리가 떨리고 무서웠다. '석가모니불'을 소리 내어 부르며 봉정암에 도착하였다. 아, 감개무량하다.

약 2000여명의 신도가 왔다는 봉정암 뜰은 그야말로 인산인해다.

"무엇이 이렇게 많은 사람들을 구름같이 모이게 할까"

공양시간의 긴 행렬은 끝이 없다. 하얀 플라스틱 대접에 밥 한 주걱과 멀건 미역국에 생오이 세 조각이 전부다. 허기진 다음이라 잔소리가 없다. 식당은 따로 없다. 선 자리가 그냥 식당이오, 식탁이다. 법당이나 요사채에 자리 잡는 건 극락이다. 기도는 아예 엄두도 내지 못한다. 배정 받은 방에서 내일 헬리콥터 신세지지 않으려고 죽은 듯이 칼잠으로 밤을 보냈다. 새벽에 걸어보니 다리가 약간 덜 아픈 것 같았다. 사리탑에 올라 기도를 드리고 산신각에 들러 무사히 내려가게 해 달라 기원하였다.

아침공양은 긴 행렬에 끼일 수 없어 그만두고 짐을 챙겨 걸어보니 어제보다 걷기가 훨씬 쉬워졌다. 하산은 소청봉으로 올라 천불동 계곡으로 내려가기로 정하였다. 소청봉으로 오르는 길은 모두 바위 길이며 깔딱고개 못지않았다. 고개에 간신히 올라서면 또 고개가 있다. 저 언덕만 오르면 끝이겠지 하고 오르면 또 멀기를 반복하여 겨우 소청봉에 올랐다. 다리가 아프니 더 멀게 느껴졌다. 전에 왔던 길이지만 처음 오는 길 같았다. 소청봉에서 휴식을 취하고 천불동으로 내려가는 길은 경사가 급한 내리막에다 온통 울퉁불퉁한 돌과 바위 길이다. 다리 아픈 사람에게는 치명적이다. 오른쪽 다리에 힘을 싣고 아픈 왼다리를 뻗어 조심조심 내려왔다. 도반으로 온 친구들도 제각각 흩어지고 배는 고파 휘청거리며 내려가도 또 내리막길이 한없이 멀고도 지루하였다.

봉정암에 오르고 내리는 길이 어쩌면 우리 인생 여정과 비슷하다. 한고비 지나면 또 한고비 다가오는 인생의 오르막 내리막길… . 인간의 삶이 그저 평탄하기만 하다면 인생의 보람은 어디에서 찾을 수 있으랴. 고지에 오른 기쁨과 승리를 어찌 알 수 있겠는가

휘청각 대피소에서 겨우 친구들을 만났다. 조금 내려오다 주먹밥으로 점심공양을 하니 정신이 들었다.

머리를 들어 사방을 돌아보니 계곡의 기암괴석이 모두 부처님이오. 천 길 낭떠러지로 흘러내리는 폭포와 소沼들이 수려한 수목과 어우러져 이름 그대로 천 분의 부처님을 모신 동네 천불동千佛洞이다. 양폭대피소에서 잠간 발을 담갔다 걸으니 훨씬 가벼워졌다.

신선이 내려와 목욕한다는 비선대에 이르니 길이 넓고 좋아서 그런지 아프던 다리가 신통하게도 완전히 나았다. 하도 신기하여 펄

쩍펄쩍 뛰면서 걸어봤다. 정말 거짓말처럼 아프지 않아서 빠르게 내려올 수 있었다. 설악동 온천에서 땀과 범벅이 된 탐진치貪瞋痴를 씻어 내니 정신도 육체도 맑아졌다.

첫 봉정 길은 아픈 다리로 와서 완전히 나아서 갔다. 이번엔 성한 다리로 와서 병들어 가는 줄 알았더니 무사히 돌아온 것은 부처님의 가피를 한없이 받은 것 같다. 이번에도 성불 받은 것일까. 봉정암 순례는 나에게 치료약이 되었다.

동지의 전설 마하사

오늘 산행은 금련산과 황령산 기슭에 동지의 전설이 있는 "마하사"다.

한냉증으로 수년간 고생해온 나에겐 겨울산행은 꿈에도 생각할 수 없었다. 부처님의 가피를 입었는지 세월이 흘러 체질개선이 되었는지 아니면 겨울의 온난화 현상의 덕 때문인지 알 수 없지만 알레지가 사라져 산행에 동참할 수 있다.

연제구청 옆 E-마트 앞에서 출발이다. 연제역에 도착하기 전에 약속시간이 지났다. 핸드폰으로 염치없지만 기다려 달라는 부탁을 하고 달려가니 모든 회원이 반갑게 맞아주어 고마웠다.

동네어귀를 돌아 오르막 골목을 지나니 산자락으로 오솔길이 나있었다. 길 양쪽으로 마른 잎을 대롱대롱 메달은 나목들이 쭉쭉 뻗어있다. 낙엽 썩는 내음이 코끝을 스친다.

우리 일행은 그동안 만나지 못한 사연과 자식들의 이야기로 꽃

피우며 산길을 한참 오르다 나무로 지은 꽤 괜찮은 정자 장수정長壽亭에 도착했다. 마침 함께한 선생님 한글이름과 똑같아 한바탕 신나게 웃었다. 장수정에서 쉬어가니 우리 모두는 장수하리라.

각자 가져온 간식을 펼쳐 놓으니 동네 과일가게를 차릴만하다. 특히 장수정 선생님의 부군 가방에서 나온 큰 뭉치의 사과와 밀감은 우리를 즐겁게 했다. 음식의 풍부함은 언제나 마음을 여유롭고 행복하게 해준다.

장수정 앞의 코가 큰 장승 할아버지의 웃음과 쪽두리 쓴 할미의 인자함이 무척 인상적이다. 얼마 쯤 오르니 이번엔 “연산정”이다. 연산정에서 산수공부 시키면 셈공부는 만점이겠네….

조금 쉬고 다시 오르니 이번엔 막바지 가파른 길이다. 설악산 봉정암의 깔딱고개를 오르듯 비탈져 숨이 찼다. 산봉우리에 서니 부산 시가지가 한눈에 들어왔다. 제법 싸늘한 겨울 산바람이 산을 타다 흘린 땀을 식혀 으쓱한 한기가 엄습해온다. 우리가 올라온 반대쪽으로 눈을 돌리니 산꼭대기까지 오르는 넓은 산길이 봉황대까지 이어져 있었다. “쉽게 오르는 길이 있었네.” 산행 대장님이 등산이 목적이라 일부러 험하고 가파른 길을 택했나 보다.

우리가 살아가는 길도 넓게 펼쳐진 길을 따라 순탄하게 사는 사람과 굽이굽이 돌아가는 험난한 길로 나아가는 인생이 있다. 아무런 장애 없는 순탄한 인생보다야 노력해서 이길 수 있는 험난함이 성취감을 주지 않을까.

봉화대에 오르니 많은 등산객과 잡상인의 북적임으로 어수선하다. 온 부산 시가지가 한눈에 들어오는 곳이라 여기에 봉화대를 두고 통신했나보다. 매년 기념으로 아궁이에 불을 지핀 흔적으로 그을음이 묻어 있었다. 기념촬영을 하고 봉화대를 내려와 마지막 코스 마하사로 향했다.

낙엽 쌓인 내리막길이 계속 이어졌다. 산속이라 벌써 해질녘이 되었다. 약수터에서 목을 축이고 마하사 문 앞에 서니 벽에 써 놓은 "보왕 삼매론"에 고개가 숙여졌다.

마하사는 신라 아도화상에 의해 창건된 고찰이다. 임란 때 전소되었으나 여러 번 중건하였다. 특히 응진전은 십육 나한이 봉안되어 있다. 이곳은 나한의 동지팥죽 전설이 유명하다.

지금으로부터 500여 년 전 조선 선조 때였다. 어느 해 이 절 공양승이 동짓날 새벽에 동지팥죽을 쑤려고 부엌에 나가 묻어둔 불씨를 찾았으나 없었다.(옛날에는 성냥이 없어 불씨 또는 불덩이를 묻어 놓고 사용하였다.) 안타까운 나머지 먼저 솥에다 팥을 씻어 안쳐 놓고 불씨를 얻으려고 아래 마을 갓지기 집에 갔었다. 갓지기 말이 조금 전에 상좌가 불을 얻으러 왔기에 불을 주고 또 먼저 쑤어 놓은 팥죽을 주었더니 먹고 갔다하였다. 본래 절에는 상좌가 없었다. 공양승이 이상하다 여기며 돌아와 보니 아궁이에 불덩이가 벌겋게 달아 있었다. 이것을 본 공양승은 참으로 이상한 일이라 생각되지만 그 불로 팥죽을 쑤었다. 죽을 퍼서 먼저 나한전에 올리러가니 십육 나한 중에 오른쪽에서 셋째 나한의 입술에 팥죽이 묻어 있었다. 그제야 공양승은 나한님이 불씨 없는 것을 보시고 동자로 화신하여 아래 마을 갓지기 집의 불씨를 얻어다 죽을 쑤게 한 것인 줄 깨달았다. 지금은 지워졌지만 몇 십 년 전까지도 그 나한의 입술에는 동지 팥죽이 묻어 있었다고 전해온다.

사찰 안으로 들어가 대웅전에 참배하고 동지의 전설이 있는 응진전에 삼배 올리며 어느 나한님의 입술에 팥죽이 묻었을까 보았지만 알 수가 없었다. 경내를 나오면서 산새를 보니 병풍으로 둘러친 아늑한 가운데 자리한 절터가 풍수지리에 문외한인 나의 눈에도 명당으로 보였다. 비록 긴 시간 기도드리지 못했지만 절터를 밟고 나오는 것만으로도 부처님의 가피를 받으리라 생각 되었다.

* 주: 응진전應眞展 아라한을 모신 곳으로 나한전이라고도 함

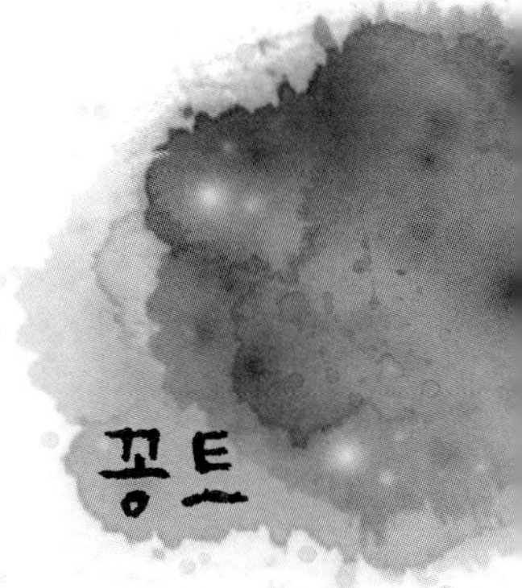

파트너

파트너

"선생님 그만해요. 아이~, 종강해요."하는 소리가 나오길 바랐다. 다른 날 같으면 지금쯤 강의실 한 구석에서 "선생님, 그만해요."가 나올법하다. 십분 밖에 남지 않았는데 조용히 앉아 열심히 강의를 듣고 있는 친구들이 얄밉기까지 하다. "왜 하필이면 오늘 따라 다섯 시까지 수업이 있을게 무어람. 이 시간이 휴강이었다면 꼭 좋았을 텐데…" 동동 마음을 굴렸다. 어수선한 마음으로 강의가 끝나자 친구들과 잘 가라는 이별의 인사도 나누지 않은 채 강의실을 뛰쳐나오다 누가

"얘 영아야." 하고 부른다.

"WHY"하고 뒤돌아보니 어느 새 몇몇 친구들이 둘러 앉아 있다.

"영아 너 오늘 좋은 일 있구나!"

"아니 어쩐지 오늘 너 이뻐진 것 같지 않어?"

"바쁘게 뛰어 나가는 게 달러."

"바쁘시겠지만 우리한테 고백하시고 가시지요." 모두 한마디씩 한다. 계집애들 괜히 수선들을 피우구나 생각하면서 영아는 그저 활짝 의미 있게 웃어 주고 나왔다. "어쩐지 오늘 더 이뻐진 것 같은데." 한 말이 되살아나자 은근히 기분이 좋았다. 수업이 끝난 교정은 가을빛으로 물든 나뭇가지랑 잔디들이 하나같이 곱다. 하늘도 드높아 모든 게 사랑스럽고 흐뭇하며 뿌듯하게 다가왔다.

오늘은 I공대 카니발이 있는 날이다. 카니발이라는 말이 언제부터 대학가 휩쓸었는지 모르지만 영아가 대학에 들어오면서 들은 새로운 낱말들 중에서 가장 많은 낭만이 깃든 매력적인 단어였다.

S공대 오픈하우스, Y대 카니발, H대학의 밤의 축제, 대학제, ROTC의 밤 등등 많은 카니발이 있었지만 한 번도 가보지 못했다. 그렇다고 갈 기회가 없어서가 아니었다. 지방 고등학교를 졸업한 영아의 고지식한 불문율이 몸에 베여 있었기에 선뜻 나서지 못했다. 항상 카니발에 대한 무엇인가의 동경과 기대와 관심을 가지고 있었다. 그래서 이번 I공대 카니발에서 파트너 단체 초청이 기숙사로 오자 가볼까 말까를 망설이다가 용기를 내어서 135번의 티켓을 골랐다.

"멋있는 파트너를 만나야 될텐데… 얼굴은 사각형이 좋겠고 눈은 서글서글하면서 씩씩해 보이는 물론 키는 나보다 커야지." 눈이 작은 영아는 서글서글하게 큰 눈을 가진 사람이 좋겠다고 생각했다. 만났던 남성들 모두 키가 작았다고 생각되었기에 이번 파트너는 키가 컸으면 했다.

“너무 후리후리하게 플레이보이 형 같으면 싫어. 지나치게 말쑥하게 잘 생긴 사람도 기가 꺾일 것 같다. 담담하면서도 친절한 파트너… . 노란셔츠 입은 사나이 같은 인상이면 좋겠지? 티켓 넘버가 갑오니까 물론 멋진 파트너 일꺼야.” 막연하나마 제멋대로 좋게 상상했다. 어떻든 공상은 자유니까.

방 언니께 머리를 다시 매만져 달래서 보통 날보다 후까시를 많이 넣어 정성들여 빗고 화장도 약간 짙게 했다. 방 언니의 하얀 예쁜 블라우스를 빌리고 친구들이 잘 어울린다던 다크 그린 빛깔의 투피스를 입고 반질반질 윤나게 닦은 검정색 하이힐을 신었다. 아마 대학 삼년 동안을 통해 최대로 성장을 한 셈일 게다. 마이크에서 벌써부터 몇 번인가

“광고합니다. 광고합니다. I공대 카니발 가는 학생은 스쿨버스가 와 있으니 내려오세요.”를 거듭했다. 영아는 거울 앞에서 파트너에게 어떤 표정을 지을까 쌩긋 웃어보고 분주하게 뛰어갔다.

예쁘게 성장한 기숙생들이 다른 대학 카니발에 갔을 때 파트너 얘기, 지난해 I공대 카니발 이야기로 꽃을 피운다. 질주하는 차창으로 유유히 흐르는 한강이 붉은 석양빛을 받아 찬란하게 출렁인다. 휙휙 지나가는 가로수와 맑은 가을바람이 쌀쌀하게 얼굴을 스치니 상쾌하며 즐겁기만 했다. 영아는 한 번 더 중얼거렸다.

“멋진 파트너를 만나야 될텐데… 처음 파트너가 좋아야 다음도 좋게 만나고 미래의 그이(?)도 좋은 분을 만날 수 있다고 嬉(희)가 말했는데.”

버스가 I공대 앞에 닿자 가슴이 두근거려진다.

"바보 같이 왜 이래. 침착해야지."

한 무리의 남학생들이 우~ 버스 앞으로 몰려 왔다.

흰 종이에다 커다랗게 자기의 넘버를 붙인 학생들, ×번 ×번 크게 소리를 지르면서 자기의 파트너를 찾는 학생들, 호주머니에다 손을 찌르고 멀찌감치 서서보고 있는 학생들, 표정들이 각양각색이다. 영아는 정신이 얼떨떨하기만 했다. 그때 한쪽 모퉁이에 서 있는 땅딸하고 작은 학생이 눈에 띄었다. 자세히 보니 영아가 지금까지 버스 안에서나 길에서 보아온 남학생 중에서 제일 멋없게 생긴 사람이다. 이때까지 간직해 온 파트너와는 180도 전환이라고 표현하면 알맞을 것 같았다.

"제발 135번이 저 사람이 아니었으면. 행여 저 사람이 파트너가 된다면 도망쳐 버려야지." 하면서 은연중에 걱정까지 하였다. 그때 옆에서 듬직한 목소리가 들렸다.

"행여, 이 번호가 아니신지요."하고 티켓을 내미는 학생이 있었다. 그가 아니라는 반가움에 "네, 저는 135번입니다." 얼른 번호를 말했으나 그는 135번이 아니었다. 이렇게 하는 동안에 빠른 친구들은 벌써 제 번호를 찾아 레크레이션 홀로 어색한 대면을 풀면서 정답게 걸어가는 모습이 보였다. 영아는 한층 더 가슴이 두근거리며 초조하기까지 했다. 마음이 조마조마하여 마치 입학시험 답안지 받기 전 기분 같았다. 저편에 서 있던 초라하게 작은 그 학생이 영아 쪽으로 다가왔다.

"에잇 처음부터 보기 싫다던 사람인데 왜 이리 다가온담." 딴 쪽으로 돌아서려는데,

"저 혹시 이번호가 아닌가요?"한다. 영아는 아찔했다. 설마 하고 "네?" 반문하고는 그가 내민 티켓을 보았다. 그 남학생은 싱긋 싱겁게 웃어 보이며 머리를 쓱쓱 긁고는

"저~ 혹시 135번이 아닌가요?"

공손하게 물었다. 순간 영아는 귀와 눈을 의심하면서 135번이 쓰인 티켓과 그 학생을 번갈아가며 물끄러미 쳐다보았다. 마치 바보인양.

그래도 "네"하고는 한참 멍하니 있다가 상냥하게 쌩긋 웃어 주었다. (1965년'녹원' 이화여대 문리대 교지)

수필집
돌아본 세월, 동행의 사랑

2014년 8월 19일 초판1쇄 인쇄
2014년 8월 27일 초판1쇄 발행

지은이 박 선 자
발행인 이 길 안

발행처 **세종출판사**
부산광역시 중구 흑교로71번길 12 (보수동2가)
Tel.(051)463-5898 Fax.(051)248-4880
E-mail. sjpl@chol.com

출판등록 제02-01--96

ISBN 978-89-6125-817-3-03810

값 12,000원